JN438666

밥그릇 춤

밥그릇 춤

하재열 수필집

■ 책을 펴내며

말로써 여전히 앓기만 하는 나와 마주친다. 갈수록 드센 날을 내미는 세상일이 버거워서이다. 들어주지도 않을 말을 왜 할까도 싶었고, 풀어내는 솜씨도 어설프기만 하다.

부닥치는 곳마다 내 말은 더듬거렸다. 사는 밥그릇 깨지 않으려면 그릇 놓인 곳의 말을 잘해야 하는데 난 그런 재주가 없다. 재기만 하다가 뒤쫓는 헛말을 자주 했다. 하고 싶은 말은 늘 가슴 한쪽에 쓸려 뭉글거렸다.

난 그 말을 다듬으며 사는 이유 하나쯤 건져보려 땀을 흘린다. 입 다물 일이라는 생각도 하지만, 나이 든 가슴도 울렁인다. 숨을 쉬고 있기 때문이다. 시절 바람이 여기저기서 나를 건드린다. 시비를 걸어

봐도 제대로 드러내 보일 수가 없으니 바위 치기라는 걸 안다. 그럼에도 나선다.

오늘 세상이 미덥지 못하다. 귀를 흔들고 지나가는 말들이 불안하다. 어려웠어도 지금껏 먹고 살아온 이 땅의 밥그릇을, 내 밥그릇을 지켜주지 못할 것 같아서다. 하여 허공에 던지는 돌팔매 같은 말도 해가며 사는 일이 안온해지기를 바라고 있다.

칠순 날 아침에 고맙고 또 고마운 아내가 차려준 밥상에 마주 앉았다. 어영부영하는 새 그렇게 되었다. 모인 가족들이 정겹다. 시절 탓에 빈 밥그릇 안 되도록 내 말을 채워 넣으며 덩실덩실 세상을 향해 춤을 추고 싶다

2018년 11월

하재열河在烈

■ 차례

책을 펴내며 …… 4

목련은 달을 이고 …… 12
봄꽃 하나 붙들려 했는데 …… 16
그리 사는 것이네 …… 20
봄 까치는 오는가 …… 23
늙은 로맨스 …… 29
주검을 어찌할꼬 …… 32
남지장사南地藏寺의 봄 …… 36
馬 피에로 …… 41
견공의 생각 …… 46
고지기 소리 …… 50

길 묻는 일 …… 56

늦바람 전展 …… 61

역신疫神에게 고하노니 …… 66

수막새 …… 69

손자 생각, 할배 생각 …… 75

허언은 아닙니다 …… 83

물이 물 타령하다 …… 88

군에 갔다 온 남자들에게 …… 94

사야가沙也可의 노래 …… 100

누구는 다 알고 지내는가 …… 107

반란의 몸 …… 114
그릇 소리 …… 120
한 시절 사람들 …… 123
두 손바닥 틈새 …… 126
섬망譫妄의 낯 …… 137
휴전선의 봄, 그 고무줄놀이 …… 141
내 것과 네 것 …… 148
중국말 중국 처녀 …… 152
부석浮石 …… 157
어디서 본 사람 같은데요 …… 162

새재엔 비가 내리고 …… 168
다시 불일암으로 …… 173
망상妄想 세상 …… 176
왜 만나는 거지? …… 183
외인부대 …… 187
어머니 이삿짐 …… 194
나 몇 살이라고 해야 하지? …… 199
은행잎 날리는 날 …… 204
낯선 풍경, 낯선 사람들 …… 209
설연화雪蓮花 배달합니다 …… 214

풀빵 오찬 …… 220
밥그릇 춤 …… 225
그래도 에는 땅이라니 …… 230
허 생원의 웃음 …… 236
효자라고, 내가? …… 241
흔들리는 땅이야 …… 245
세상에 이런 일이 …… 249
빈대 일곱 마리 …… 253
보상국補償國 …… 258
관동팔경 볼 날은 …… 261

〈묵상〉/ 캔버스에 오일 42×42㎝/ 하재열

그 봄날 나는 입을 닫았다.

목련은 달을 이고

영등할멈 심기가 올핸 더 시리고 거칠었다. 옷깃의 한풍에다 마음 깃을 흔드는 말풍이 심란하고 차가워서다. 이 땅의 허리춤에 엉거주춤 걸려 있던 휴전, 그 언약이 난감해져 가니 살 길이 어찌 될지 알 듯 모를 듯하다. 총질처럼 던져대는 말 바람에 꽃바람이 흩어질까 조바심난다. 나간 김에 아내가 두부 한모 사 오라고 한다. 그렇지, 먹어야 힘을 내지.

천지간의 나뭇가지에 움이 솟는다.
소리도 없는데 수런거린다는 말로 사람이 소리를 만든다.
하늘 건너온 빛화살에 만상이 뽀얗게 흰 춤을 춘다.
어찌 벽 안에 머물러 있을 수 있으랴.
나, 미물의 감각은 태고로부터의 질서를 찾아 나선다.

집 뒤 공원 나무 사이를 어슬렁거린다.
하루 사이. 그 사이에.
하얀 꽃봉오리가 터졌다. 여린 목련꽃이다.
어제 이맘때엔 꿈쩍 않던 꽃망울도 부풀어 존재를 알린다.

햇살 속에 선다. 초속 30만 킬로라 했던가. 시간 속에 서는 일이다. 시간을 타고 망울이 터져 부푸는 생의 한순간을 재어보려 감히 덤빈다.
미동도 없이 째려보아도 스쳐 가는 바람뿐 요요하다.
빛의 속내를, 나와 꽃에 파고든 빛의 비밀을 알아낼 재간이 없다.
한 바퀴 휘적대다가 다시 쳐다보면 봉오리는 더 커져 있어 보인다.

가지 위쪽 목련꽃 몇 송이 푸른 하늘에 더 희다.
얼핏 그 너머 창공에 가녀린 흰빛 한 점 눈에 들어온다.
꽃인가 했더니 달이다.
동녘 중천에 여인의 윗입술 같은 초아흐레 상현달이 목련꽃에 걸렸다.
늦은 오후의 마술 같은 햇살 속 꽃달을 품은 목련은 더 고고하다.

"목련꽃 그늘 아래"를 흥얼댄다.

이 노래를 타고 내 젊은 한 시절의 봄이 오갔다.
문득 살펴보니 목련꽃 아래엔 그늘이 없다. 먼 길을 걸어와 이제야 깨닫는다.
그림자도 못내 드리우지 않는 하얀 천녀天女 같은 꽃잎인 것을.
시인은 왜 목련꽃 그늘 아래서 편지를 읽고, 긴 사연의 편지를 쓴다고 했던가.

꽃달 되어 하늘로 떠난 목련 꽃잎 다시 쳐다본다.
빛을 타고 떠난 목련 꽃잎 같은 그리운 사람 하나, 둘, 셋….
나도 억겁 봄 하늘에 사연을 띄워 보내고 싶은데,
내 봄은 날 두고 휘적휘적 또 하늘을 건넌다.

놀이터에서 아이들이 햇살처럼 재잘거리고, 볕을 찾아 나온 백발의 황혼들이 의자에서 존다. 젊은 여자 둘 개를 데리고 나왔다. 목련꽃 쳐다보며 줄곧 서성대는 내가 얄궂었는가 보다. 힐끔거리며 말꼬리를 흘리고 지나간다. 이 봄의 안일이 헛헛해 병자처럼 나는 애가 타고, 이 뽀얀 봄빛 틈새를 비집고 불화살처럼 반도에 날아드는 드센 칼 가진 자들의 말이 어렵고 아프다. 목련꽃 위에 이우는 꽃달에도 말 건넬 수 없는 시절이라도 오면 어쩔까 싶다. 하늘 쳐다보다 내 할배의 할배, 할매의 할매에게 이 무력감을 뒤집어씌우고 싶어진다.

어쩌다가 반도에 터를 잡았느냐고.

'야 이 녀석아, 금수강산이라 할 때는 언제고. 그래도 봄은 왔지 않느냐. 두부 사 들고 집에 가거라. 된장 끓인다며. 힘내야 편지질도 하지.' 바람이 소리를 지른다.

(2018. 4.)

봄꽃 하나 붙들려 했는데

실개천 둑길은 아예 노란 물감을 짜내어 문질러놓은 풍경이다. 위쪽 계곡물을 받아 가두며 둑은 촌로의 등처럼 휘어져 들녘을 감싸 돈다. 고목들의 뒤얽힌 가지들이 바람을 막고 섰다. 버짐 같은 껍질을 덕지덕지 세워 달고도 수줍은 양 여린 솜틀 꽃을 달았다. 바람에 실린 새소리가 정겹다.

아침 신문을 뒤적이다가 훌쩍 나섰다. 의성 산수유마을 꽃소식에 끌려서다. 벼르기만 하고 몇 해나 미루기만 한 터였다. 겨울 끝머리의 찬바람에도 남 먼저 봄을 알리는 꽃이라 애틋한 정이 쌓였다. 마을 초입에서부터 여린 노란색에 빠져든다. 개나리가 요염한 처녀 같은 꽃이라면 산수유는 수더분한 아주머니 같은 꽃이다. 멀리서 바라보아야 묵은 얼굴이 보이는 꽃이다.

산수유 그림 한 점 마무리에 요즘 헤맨다. 그리다 만 채다. 이전에도 봄을 붙잡아두려 몇 점 그려보았으나 돌아서면 영 아니었다. 글쓰기만큼이나 그림 소재 찾기도 어렵다. 어쩌다 그림 괜찮다는 입 평에 홀려 무턱대고 그렸다. 아둔했으니 대들었고 아직 턱없다는 말귀인 줄 못 알아들었다. 거기에다 갖고 싶은 눈치를 보내는 몇 지인에게 보내기도 했다. 갈수록 붓질은 무뎠다. 뭔가 담아내지 못한다는 허함과 아쉬움을 떨치지 못했다.

둑길에 봄 햇살이 뽀얗게 춤춘다. 이런 군락지의 산수유가 그리웠다. 집 가까이서 만나는 한두 그루만으로는 화폭에 차지 않았다. 몇 곳 군락지의 사진 풍광에 들떠 흉내를 내기는 했다. 둑이 휘어 돈다. 문득 낯익은 고목들의 풍치에 걸음을 멈춘다. 사진으로 만난 곳이다. 수령 이백 년도 넘는다는 나잇살의 위세가 당당하다. 늙은 뿌리가 제방을 움켜잡듯 엉켰고, 굵은 줄기는 휘감기고 비틀어지며 하늘로 뻗는다. 내 그림과 견주며 한참을 살핀다. 노회한 군락의 꽃무리는 나와 다른 이야기를 풀어헤치고 있었다. 알아챌 수 없는 속살거림이 바람을 탄다.

용케도 산수유축제 개막 전날에 발길을 맞추었다. 만개의 꽃이 계곡을 메웠다. 봄바람의 부산함이 화전리 마을 초입에 가득하고, 성급한 나들이객으로 둑길은 색색으로 싱그럽다. 소쿠리 같은 산협에 갇힌 좁은 들녘이다. 기슭 안쪽에 작은 마을이 들어섰고 꽃길 제방 주변엔 온통 마늘밭이다. 봄 햇살 속 연초록의 마늘잎이 노란 산수유와 정분난듯 하늘댄다. 천지가 빚어낸 색의 조화가 자지러진다.

십 리 남짓 거슬러 올랐다. 산기슭 전망대에 올라선 풍경은 가히 노란색의 파노라마다. 걸어온 제방에도, 밭둑 비탈에도, 산허리에도 온통 구름처럼 피어올랐다. 숲실마을이라고 불리는 이름 그대로 꽃동네다. 촌로에게 물었다. 좁은 계곡의 잦은 홍수로 먹고사는 일이 막연한 마을이었다. 약제도 얻고 방천이 유실되지 않도록 심은 나무였다고 한다. 고목이 된 지금, 이제는 마을의 살림 밑천이 되었다며 으쓱댄다. 전국 산수유 열매의 삼 할이 이곳에서 나오고 유명 관광지가 되었으니 이만한 데가 어디 있느냐고 한다. 그럴 만도 했다.

긴 렌즈의 사진기를 멘 사람들이 숲을 쏘다닌다. 풍경을 훔치는 이들이다. 옆에 붙어 명당인가 싶어 같은 곳을 따라 찍는다. 그림 소재감 하나 기대하지만, 어찌 이 태깔과 질감을 잡아낼 수 있을까 보랴. 턱없는 일인데도 짐승처럼 미련을 둔다.

산골 위쪽, 낡은 저수지 하나 계곡물을 가두었다. 화곡지라 했다. 건너편 둔덕의 산수유 숲이 물속에 거꾸로 선 채 노란 물빛으로 일렁인다. 반짝이는 윤슬이 고기떼가 튀는 것 같다. 축제를 앞둔 마을부녀회의 먹거리 마당에서 막걸리 한잔을 받았다. 짜릿하게 속을 훑었다. 천막 차양엔 봄볕이 무너져 내리고 있었다. 옆자리 젊은 두 아낙이 조심스럽게 건네준 잔을 또 거푸 마셨다. 내 점심으로 받은 모두부 양이 많아 건네준 데에 대한 답이었다. 그 여운이 아직 저릿하다. 함께 걸어 올라왔다. 두런두런 붙임성 있는 두 여자의 세상 사는 말도 봄바람처럼 일렁였다. 천지를 물들인 노란 꽃구름에 싸인 두 잎 꽃녀가 슬쩍 내 춘심을 건드린다. 그리지도 잡지도 못할 봄은 산촌에 그렇게 내려앉아 있었다.

두 달째 이젤에 얹어놓은 채인 그림을 어찌할까 싶다. 깜도 못 되는 걸 좋아하리라 여겨 떠나보낸 것은 세상 모르고 던진 내 허물이었다. 갈수록 어렵다는 걸 알아챘다. 그림이 나를 들여다볼 수 있는 길일까 여겼는데 멀리서 아롱거리기만 한다. 취미일 뿐이라고 내세우면 그만인 것을 자꾸 용을 쓴다. 제풀에 꺾여 아픈 허리 핑계를 대며 몇 달째 붓이 게을러졌다. 어릴 때 품었던 그림의 꿈은 작은 글쟁이 되는 일로 해몽을 하고 깨어나야 하려나 보다.

숲실마을 산수유나무엔 골짜기를 훑어간 바람이 쌓였다. 밭고랑에 엎드려 입을 부지한 이들의 숨소리와 땀이 뱄다. 숲을 흔들던 청명한 새소리, 천둥과 소낙비 소리, 열매를 털어내는 가을걷이 소리가 창연한 이끼처럼 켜켜이 붙었다. 다시 봄이다. 채 떨치지 못한 지난해의 붉은 열매를 매달고도 노란 새 꽃을 피워낸 가지 하나를 쳐다본다. 생과 멸이 하나인 이 조화를 어찌 그릴 수 있겠는가. 햇살이 꽃숭어리에 억겁의 하늘시간을 실어 나른다. 원래 바라볼 뿐인 일을 가지려 했나 보다.

(≪수필문예 17집≫, 2018. 6.)

그리 사는 것이네

산길에 아는 얼굴이 많아진다. 인사를 걸어오는 옛 직장 사람도 이내 알아보지 못할 때가 있으니 시간이 벌려놓은 틈새가 서먹하다. 물기 마른 얼굴이었다. 문득 초등학교 운동장을 덮었던 만국기가 눈에 펄럭댄다. 참새 떼와도 같았던 나와 또래들은 오전반, 오후반으로 갈려져야 교실이 있었지만, 그날은 같이 뜀박질하며 뒹굴었다. 상으로 받은 연필 한 자루, 공책 한 권씩 쥐고는 논둑길을 타고 고샅길로 들어서며 신이 났던 날이었다.

우리끼리의 전쟁이 끝나고 헐벗은 어머니 자궁에서 쏟아지듯 아이들이 나왔다. 캄캄한 밤마다 지을 일은 그것밖엔 없었으니 울분을 토하듯 부지런히도 움직였던 공덕이리라. 그 아이들이 이제 '베이비부머'란 계급으로 두 번째 세상에 쏟아져 나온다. 2015년부터 2020년까지 700만 명의 집단 은퇴다. 지금 일하는 사람 5명 중 1명이다. 산에서 만난 이들 또한 그 또래들이다.

엄마와 승강기를 탄 아이가 귀엽다. 을러보고도 싶지만 어른의 손은 이제 함부로 내밀지 못한다. 아이가 귀하게 된 지 오래이니 청년이 없어지고 있다. 지금의 출산율로는 120년 후엔 인구는 천만 명이 되고, 그 후 지구에서 가장 먼저 사라지는 나라가 될 것이라 한다. 아이 낳는 일은 이제 나라가 통사정을 해도 씨알도 먹히지 않는다. 은퇴자가 쏟아지고 청년이 줄어드는데도 벌어먹기는 더 힘들고 일자리는 없다고 하니 해괴한 마법에라도 걸린 세상 같다.

알파고와 맞서 돌을 놓고 만 바둑 장수의 얼굴은 창백했다. 찌푸린 장수의 미간에 세상의 길이 운명처럼 똬리를 틀고 있었던 건 아닌가. 인공 지능의 실체를 맛보기 하며 화들짝 댔지만, 인간의 일을 야금야금 빼어 온 지 오래다. 로봇으로 일자리 2/3가 없어질 것이라는 소리가 나온다. 사람은 뭐 하고 살지 으스스하다. 백 년이나 산다는데. 붉은 머리띠를 아무리 동여매어 보았자 키가 크지 않는 난쟁이가 된 경제에 나의 몫만 챙겨질 수 있는 것인가? 그 또래들도 수많은 나가 되어 머리를 치켜세우려 한다. 각자의 바둑판 앞에서 길을 찾지만 갈수록 버겁다고 한다.

난쟁이가 말한다. 나라고 하는 수많은 그대들, 그대들이 곤혹스러워하는 만큼 나도 그렇다네. 경제학자들이 여러 말로 나를 정의해 왔지만, 그들 말대로 내가 굴러가지 않았지. 내가 그대들에게 해줄 말이 별로 없어. 몫을 가르는 방법은 그대들이 쥐고 있기 때문이야.

600만 년 인류 역사를 100년으로 본다면 99년을 수렵과 채집으로 살아왔고, 겨우 1년간 뭎 가르는 법을 시험해 온 거였어. 그러니 나도 잘 몰라. 문제는 그대들 안에 숨은 또 다른 그들의 욕심이야. 온 가을 밤을 울어 예는 귀뚜라미 소리 한번 들어보시게. 자기 것이 없는 우주의 소리거든. 비워내는 소리. 그리 사는 것이네. 연필 한 자루 받고도 좋아하지 않았던가.

(≪매일신문≫ 2016. 10.)

봄 까치는 오는가

집 뒤 공원 길섶에 두 마리 까치가 나풀댄다. 아직 찬바람에 버석대는 검불 여기저기를 쪼아댄다. 아침나절 창밖에서 소리치던 녀석이 이놈인가 싶어 살폈다. 살을 에는 추위에 한동안 자취를 감추더니 봄을 물고 와 부려놓았다. 며칠 새에 산수유, 개나리가 엷은 꽃잎을 내밀었고, 벚꽃 움이 곧 터질 기세다.

문득 까치는 한겨울을 어디서 보내다 온 걸까 궁금해진다. 날이 추워지면 새들이 사라지는 걸 당연시해온 탓에 의문을 던지지 않았던 일이다. 철새처럼 남쪽 따뜻한 곳으로 피접 다닌다는 말도 들어본 적 없으니 더 그렇다. 삭풍 몰아치는 산기슭의 까치집을 쳐다보면서는 빈집일 거라는 생각을 늘 한다. 얼기설기한 갗춤새가 엄동 한천을 이겨 낼만 한 집은 아니라고 여겼기 때문이다. 봄날 출현하는 녀석은 어딘가 먼 데서 숨어 살다 온 것처럼 생경하게 보인다.

몇 해 전만 해도 공원 숲에 둥지를 튼 까치 소리가 심심찮게 들렸다. 5층인 우리 집 뒤 베란다에서 잡힐 듯 붙은 낙엽송 꼭대기에도 집을 지었다. 옆 동의 까치집이 부럽기만 했는데, 어느 날 나뭇가지를 물고 들락거리던 걸 마음 졸이며 문틈으로 지켜보았던 일이 여태 삼삼하다. 몇 해나 까치는 봄이 찾아온 걸 먼저 알려주었고, 무리 지어 음악회를 열었고, 창을 열면 나무들과 어우러진 한 폭의 풍경화로 걸려 있었다. 공원의 느티나무, 벚나무며 나지막한 숲의 바람을 받아내는 까치집의 흔들림이 좋았다.

올해는 다시 지으려나 싶어 휑한 가지를 쳐다보지만, 낌새는 어느 나무에도 없다. 그러니 필시 이 까치들은 다른 데서 살다 온 게 틀림없다. 꽃물이 들기 시작한 공원에 먹이를 찾아왔나 보다. 아이들이 흘린 과자부스러기를 냉큼 쪼아 물고는 나무 위로 오른다. 비둘기 무리와 먹이 다툼을 벌이며 분투하는 날갯짓이다. 내 인기척에도 태연한 것이 어쩌면 나와 눈도 마주치며 면이 익었던 녀석이거나 아니면 그 아랫대인지도 모른다는 생각을 해본다.

그땐 느지막이 아침 청소를 막 끝낸 때였다. 까치 소리가 다르게 부산스러웠고 밖에서 귓전을 아리게 하는 쇳소리가 들렸다. 아파트 관리소에서 무슨 작업을 하는 건가 여겼다. 오후에 볼일로 집 나서다 어질러진 뒷마당에 깜짝 놀랐다. 봄볕에 막 엷은 잎을 달기 시작한 나뭇가지가 여기저기 널브러져 있는 것이 아닌가. 쳐다보니 열을 지어 해마다 아파트 뒤를 푸르게 꾸며주었던 낙엽송 여남은 그루가 모두 잘려나가 있었다. 중간 허리 부분 둥치를 삭둑 잘린 몰골에 눈을 감았다.

까치집도 내동댕이쳐졌다. 일꾼들이 잘린 등걸과 흩어진 잔가지며 잎들을 뒷정리하고 있었다. 그래도 야물게 뒤얽힌 몇 잔가지에 붙은 깃털이 아침까지 드나들었을 까치의 보금자리 흔적임을 알리고 있었다. 한참 서성대며 황당해하는 내 눈치를 읽은 것인지, "요즘 까치는 과일이나 쪼아대고 한다는데 뭐 대숩니까?" 우람한 나무를 모두 베어내고도, 산 날짐승의 집을 가차 없이 허물고도 어찌 저리 태연할까 싶었다. 일당에 매인 밥벌이 일이 아니었다면 그 사람들 속내는 그렇지 않으리라 여기며 나 혼자 안달 낼 수밖에.

미리 바퀴벌레를 제철 전에 박멸하기 위해서라 했다. 두 해 전부터인가 여름이면 집에까지 들어와 스멀대는 놈으로 야단은 떨고 있던 터였다. 나무 바퀴벌레라 했는데 매미만큼 큰놈이 징그러웠다. 아파트의 응달 습지에 날듯이 숨어다니니 원인은 밖에 있다고 했다. 앞동은 괜찮은 거로 봐 우리 동의 뒤편 잡풀 더미와 낙엽송이 서식지로 꼽혔다. 큰 나무줄기를 타고 창문으로 날아든다는 말이 나돌며 의견이 분분했다. 동 대표자 회의 때 뜻이 모여 나무는 동강 난 난쟁이가 되어 하늘을 쳐다보게 되었다. 밑동도 아니고 왜 어중간하게 중간을 잘랐는지도 모를 일이었다. 명색이 수목 관리사인데 불러만 놓고는 벙어리로 만들었다고 했다. 하 애석하여 관리사무소에 따져 물었더니 미리 공지했다는 말만 되돌아왔다. 그쪽으로는 늘 건성으로 흘려 듣고 있었으므로 더 따져볼 낯이 없었다. 함께 모인 주민들도 가지치기나 하는 줄로 알았다고 했다.

둥지가 사라진 허공을 돌며 까치가 며칠이나 까악까악 울었다. 사월이 부화기라고도 했는데 알마저 잃어버린 것인가. 슬픔과 원망 같은 것이 하늘에 묻어 내렸다. 이미 말끔히 흔적도 없어진 일이니 어딘가 다른 데로 날아가 살아가겠지 했다. 끝물의 벚꽃이 무심히 떨어지며 새잎이 돋고 있었다. 이윽고 극성스러운 매미 소리와 천둥소리와 몇 번의 소낙비 소리에 까치 소리는 휩쓸려갔다. 몇 년이 흘렀다. 다시 이 이른 새봄에 찾아와 먹이를 찾고 있는 녀석에게 나도 모르게 자꾸 눈길이 간다. 톱날을 세운 채 뭐 대수냐고 했던 검은 턱수염 사내의 말이 윙윙댄다.

까치가 울면 반가운 손님이 온다 했고, 까치설날은 어저께이고 우리 설날은 오늘이라며 노래 불렀다. 해충을 잡아먹는 길조라 여겨 고마워했고, 그 갚음일까마는 늦가을 감나무의 홍시를 다 따지 않고 까치밥이라며 남겨주었다. 사람과 더불어 사는 이웃으로 여긴 것이 아니던가. 잘려나간 둥치에서 새 줄기가 다시 굵게 자라 우리 집 창 높이까지 올라왔다. 그 벌레도 없어지지 않았다. 이따금 자지러지는 아주머니들의 외마디 소리에만 귀가 쏠렸는지, 그때 동 대표자가 아무래도 설군은 회의를 했나 보다. 한자리하면 뭐든 다 해낼 수 있는 양 설쳐대는 그 완장 병이 이 동네에도 번졌던 것인가. 애꿎은 나무와 까치집만 부순 일이었다. 말이 많아지자 태풍에 쓰러질까 잘랐다며 옹색하게 둘러대기도 했다. 힘을 거머쥔 사람의 어설픔이 그때나 지금이나 세상 곳곳에서 사위스럽다.

까치의 근심이 깊어간다. 언제부터라고 사람들은 밥도 아닌 과일 하나 더 먹자고 얼씬도 못 하게 내쫓거나 총질까지 해댄다. 너무 먹어 생긴 병이 넘쳐나 저세상 문턱을 앞당기면서도 그런다. 까치는 그대로 까치이건만 인간의 득실에 따라 익조요 해조요 하며 몸값을 매기니 까치로서는 어이없을 일이다. 어쩌다 집에 스멀대는 벌레 하나 잡으려 까치집을 허물어버리는 처사에 기가 막혔을 것이다. 동요로 칭송받기는커녕 홍시 하나 못 얻어먹을 처지로 곤두박질했다. 어느 자치단체에서는 여태 상징 새로 삼았던 까치를 버리고 다른 새로 바꾸었다고도 한다. 호랑이만큼이나 민화에도 자주 그려 넣어주던, 길고 깊은 줄 알았던 인간의 정분이란 게 이렇게 쉬 앵돌아질까 싶겠지만, 사람 일이 먼저라 하니 까친들 어쩔 것인가.

칠월칠석날 밤 까치는 하늘 위로 올라갔다. 오작교를 놓으며 직녀의 할아버지인 옥황상제에게 읍소하는 말이 울린다. “사랑과 나눔이 뭔지를 제대로 알기는커녕 저밖에 모르는 인간이 세상일을 함부로 재단하지 못하게 하소서. 이제 땅 위에 인간이 유익한지 해로운지 저들이 알게 해주소서.”

벚꽃 움트는 봄날에 기도를 올린다. 하늘 타고 내려온 까치일까. 원래 요지경 티끌세상이지만 새봄은 그래도 오기 마련인 것을. 이 봄엔 구원을 풀고 다시 우리 집 창틀의 풍경화에 앉아 있기를.

(≪수필과비평≫, 2018. 2.)

늙은 로맨스

'춤 잘 추는 게 부러웠어. 남의 옷가지만 지키며 앉아 있는 겨울밤은 참 허하고 열불 났지. 퇴근 시간이 다가오면 술과 춤출 곳, 패거리를 찾는데 더 골몰하고 곧장 집으로 가는 일이 절대 없었던 한 윗사람, 그의 취향에 맞추느라 한때 곤혹스러웠지. 쉬 항변의 입을 떼지 못하는 게 그 시절 분위기였어.' 회관이라 이름 붙인 몇 곳의 기억을 떠올리고 있는데 화들짝 정신이 돌아왔다.

"뭘 그리 정신없이 보는가요." 등을 친 사람이 웃고 있다. 같은 아파트에 사는 이로 이쪽 산에서 가끔 동행이 되기도 한다. 이제 막 내려온 양 땀을 훔치며 서 있다. 내가 옛 생각을 했나 보다. 앞에서는 여전히 색소폰 트로트 가락이 흐르고 무대 앞에 운집한 이들은 노래를 따라 부르며 들썩인다. 지하철 종점 문양역 대합실 한쪽이다. 도시의 서쪽 끝 한적한 교외라 주변 산길을, 인근 낙동강 강변의 매운탕집을 찾는 사람들이 많다. 흘러간 옛 노래처럼 흘러간 세월을 그리는 세대다.

그도 옛날의 회관 같지 않으냐며 옆에서 콧노래를 보탠다. 지금도 성업 중인지는 모르지만 가볼 일 없으니 옛이야기의 장소로 가물댄다. 빛과 소리가 전장의 섬광처럼 현란했고, 넓은 홀에 탁자마다 밝힌 등이 반딧불이 같았다. 등을 치켜세우면 종업원이 달려오고 이내 술이 내어지던 풍경이 떠오른다. 지금의 노래방 가듯 한잔 술 뒤엔 그다음으로 들르는 곳이었고 춤바람 염문의 소문도 심심찮았다.

왠지 요즘 그 트로트 가락에 더 끌린다. 〈동백아가씨〉의 원로 여가수가 '전통가요'란 이름을 고집하는 우리 노래다. 아직도 이를 까닭 없이 깎아내리는 것으로 자신을 고상한 척 높여 보려는 사람들이 있으려나. 군번 없는 용사처럼 여태 우리글 참한 이름도 얻지 못했으니 애상하고 구성진 가락만큼이나 그 일이 더 애달프다. 뭐라 부르든 색소폰의 매력적인 음색을 타니 더 좋다. 그때 오기가 나 춤 따라 해보려다 못 한 게 아쉽다.

"저희들로 인해 당신이 행복했으면 좋겠습니다." 소담하게 꾸며놓은 무대 앞쪽에 걸어놓은 횡단막 문구다. 주말 오후에만 공연하는 한 색소폰 동호회의 재능기부 자선 음악회다. 교실 두 개는 됨직한 공간을 지하철역에서도 그냥 내어 준다. 승객 끌어모으는 일이니 누이 좋고 매부 좋고, 할 일 없는 백수의 남녀에겐 더 좋은 일이다. 역 밖의 나무 그늘에 각설이라도 들어서는 날엔 양쪽을 오가며 더

신이 난다.

하산 후엔 이 공연에 눈을 뺏기는 일이 잦아진다. 해 다르게 산 걸음이 힘에 부치는 만큼인 것 같다. 앞쪽에서 춤사위가 여간 아닌 몇 사람이 분위기를 달군다. 그 회관이란 데 돌아다니며 주머니깨나 풀어낸 솜씨들일까도 싶다. 지휘자라도 된 양 붉은 모자에 긴 팔을 흔들며 늘 쉼 없이 장단을 타는 한 노장에게 유독 눈이 간다. 옛일을 더듬는, 가면극의 탈을 쓴 주술사 같다. 젊었을 때 화려한 회관 로맨스를 즐겼던 이일까. 눈짓이 섞이던 그 어둑한 불빛의 일을…. 아니다. 영고와 무천을, 처용무를 추어대던 까마득히 오랜 사람들의 그림자는 아닐까. 후딱 생각이 바뀐다. 동이東夷의 맥이다. 갖은 얼굴의 남녀가 함께 둥실대는 것, 이건 사는 일의 멍울을 삭이려 신줏단지처럼 품어온 각자의 신에게 올리는 기도의 춤은 아닐는지. 무량 세월 가슴에 수놓아진 가락의 흔들림이다.

산 오르는데 폭염 경보가 휴대폰을 울리고, 유월 중순에 때아니게 37도까지 오른 날, 그 열기에도 춤은 멈추지 않는다. 태양신에게 경배를 올리는 토인들의 몸짓으로 늙은 로맨스를 저마다 은근슬쩍 꿈꾸는 건 아닐까. 몸 장단은 못 맞추지만 슬며시 손이라도 내밀고 싶어진다. 외로움을 타고 있음이다.

(2017. 6.)

주검을 어찌할꼬

어떻게 할까, 고심 끝에 금붕어 주검을 밖으로 내왔다. 집 뒤 공원의 느티나무 밑동의 낙엽을 헤치고 묻었다. 바로 옆의 간이 상수도에서 물 흐르는 소리가 들린다. 이왕이면 물 가까운 곳이 좋겠다 싶어 살펴 골랐다. 포일에 싼 채로 묻으려다 썩지 않고 떠돌까 싶어 제 몸 그대로 누였다. 몇 마리 개미가 열 지어 무심히 그 옆을 오간다. 상여꾼 같다.

우리 집 식구들하고 함께 살아온 유일한 생명체였다. 딸애가 직장의 책상 옆에 두었던 녀석인데, 사무실을 옮기면서 둘 데 없다며 집으로 데리고 왔다. 3년도 넘게 거실의 내가 앉는 소파 옆 탁자 위에 두었다. 두레박 같은 유리 항아리 안에서 새끼손가락보다 작은 두 마리가 화려한 색을 펼치며 유영하는 모습이 좋았다. 유리에 굴절되어 더 크게도 작게도 보이는 것이 마술꾼 같기도 했다.

한 마리를 잃은 지 일 년 남짓한데 이번에 마저 갔다. 모두 무심한 사람 탓이었다. 다른 생명을 반려나 애완용으로 곁에 두는 것이 마땅찮았다. 목줄에 이끌려 다니거나 팔에 감긴 채 벗어나고픈 눈망울의 개를 보면 더 그랬다. 내 어릴 때 마당에서 함께 뒤엉켜 놀던 누렁이의 자유스러움과 분방함이 없는 답답함 때문이다. 방 안에다 가두어 놓고 때맞추어 밥도, 뒤도 챙기고 산책도 시켜야 하는 성가심을 감당할 자신이 없어서이기도 해서다. 어쩌면 타 생명체에 대해 살뜰함이 없기 때문이랄 수도 있다.

한때 오래가진 않았지만 낚시에 재미를 붙여본 적이 있다. 직장 일로 쌓인 응어리를 삭이는 데 좋다고 해 나서 보았으나 이내 고민거리가 따랐다. 잡아 올릴 때의 쾌감보다 뒤처리의 부담이 점점 압박으로 다가왔다. 매운탕거리라도 될 만큼 잡을 실력도 아니어서 도로 놓아주거나 큰 물그릇에 담아 집 베란다 구석에 두었다가 목숨 뺏기 일쑤였다. 한번은 없애지 않으려 애를 쓴 공인지 겨우내 좁은 항아리에서 살아남은 붕어 한 마리가 있었다. 은빛의 뻔쩍거림도 움직임도 미약했다. 더 오래 붙들고 들여다보는 것은 잘못된 일 같아 다시 잡아 올린 못에다 풀어주었다. 이른 봄 물가엔 푸릇푸릇 새싹이 움터 있었다. 손바닥을 벗어나 천천히 자취를 감추던 회귀의 몸짓 여운이 아렸다. 절집 사람의 방생이란 것도 이와 무엇이 다를까도 싶으련만 괜히 켕겼다.

그때 절에 열심이었던 아내의 핀잔이 이따금 소낙비 같았다. 그냥 잡는 즐거움에 붙들린 아둔한 내 귀에는 그게 들리지 않았다. 아내의 성정도 집에 생명 들이는 일을 싫어했다. 맞아들이는 일보다 헤어질 일의 곤혹스러움이 컸기 때문이리라. 딸애도 집에 있는 사람이 챙겨야 한다는 듯 관심을 두지 않았다. 사는 멋이라 여겨 따라 해보다 돌봄의 성가심을 맛보기로 터득하고는 은근슬쩍 떠넘긴 거라는 생각도 들었다.

마땅찮았지만 집에 들어온 생명을 마냥 모른 체할 수 없는 일 아닌가. 다시 맺어진 물고기와의 시절 인연이라 여겼다. 먹이도 넣어주고 때론 물갈이도 하면서 마음을 내었으나 내 주의력이 건달처럼 무성의했던 모양이다. 어느 날 설핏 항아리 안을 보니 한 마리밖에 없었다. 수초에 가린 건가 싶어 흔들어보며 살펴도 오리무중이다. 하늘로 올라갔을 리도 없고 뭔가에 홀리기라도 한 것 같았다. 기억을 찾은 끝에 며칠 전 물갈이하며 수위를 무심코 높게 했다는 생각이 났다. 그때 밖으로 튀어나와 말라 죽었을 것이고, 종적이 없는 것은 모르는 새에 티끌처럼 청소기에 빨려들어가 그럴 거라 추측하며 애써 무덤덤해지려 했다. 숨 거둔 날과 주검의 행방도 몰랐으니 한낱 미물이지만 생이 허망했다.

혼자 남은 녀석이 마음 쓰였다. 외로울까 싶어 한 마리 사다 넣을까도 했지만 아내가 펄쩍 뛰다시피 했다. 더 살핀다고는 했지만, 한 번은 아침나절 배를 위쪽으로 하고 늘어져 떠 있었다. 팔팔하던 놈이었는데 뭔 일일까 들여다보니 굳어있었다. 명이 다해 짝을 따라가는가 싶었다. 손으로 감싸 쥐고 아파트 화단에 묻어주려 내려갔다. 목만 내민 개를 넣은 포대기를 메고 지나가던 위층 젊은 아주머니가 나를 힐끔거린다. 문득 저렇게 귀여워하는 개의 끝도 생각해보았을까 싶었다. 힐링이니 뭐니 하며 즐기다 마는 것일까.

푸석하게 언 땅을 헤집고 묻으려는 순간이었다. 마지막이라며 살폈는데 이게 어인 일인가. 작은 입을 여리게 껌벅대고 있었다. 살아있었다. 급히 올라와 다시 물에 넣었더니 서서히 움직였다. 뒤늦게 아내가 어쩔 줄 몰라 했다. 아침에 뒤 베란다의 얼음처럼 찬물로 물갈이해 준 게 탈을 낸 것 같다고 했다. 순간 기절했나 싶었고, 잠깐의 손바닥 온기로 다시 깨어났는가도 싶었다. 둘이서 그리 여기며 편치 못한 속을 다독였다.

그렇게 살아남은 녀석인데 오늘 끝내 갔다. 어제저녁에도 항아리를 붉게 물들이며 휘적댔는데 오늘 아침 주검으로 만났다. 수면이 아래로 처져 있는 걸 보며 이번에는 물갈이를 한동안 안 해주었다는 생각을 해냈다. 자연사일 거라며 마음 덜 생각부터 하면서도 탁한 물을 못 이겨 갔을 거라 싶었다. 내 무심함이 벌을 받을 것만 같았다. 바로 옆에 앉아 신문 펼치고, 티브이 보면서도 작은 미물 하나 챙길 오지랖도 안 되는 내 얼굴이 민망했다. 미안하다. 명복을 빈다. 그런데 가슴 한쪽이 시원하다. 쉬 옆에 둘 일이 아니었나 보다.

(2017. 3.)

남지장사南地藏寺의 봄

산자락의 흐름이 치마 주름 같다. 온통 꽃으로 수놓은 자락이다. 계단식 밭두렁에서 아지랑이가 지펴 오른다. 신기루처럼 아물거리는 그 사이를 굽이쳐 오르는 외길은 천상에 오르는 길 인양 봄 하늘을 가른다. 달아나는 봄날이 아쉬워 쫓아 나선 길이다.

몇 해나 되었다. 봄이 왔건만 사는 잡소리에 매여 제대로 마주하지 못했다. 사라져가는 봄을 찾아보려 우연히 나선 길이 이곳 남지장사南地藏寺 쪽이었다. 두 번째 봄은 산허리에 걸려 있었다. 무릉도원이 따로 있으랴 싶었다. 이제 해마다 찾는 내 비경으로 자리 잡았다. 가창 우록동 안쪽 끝에 이르면 길은 논밭 사이로 들어가며 좁아진다. 차 교행이 힘든 곳도 있지만 산허리를 감아 도는 길이 여인의 허리처럼 정겹다.

최정산最頂山의 남쪽 면인 이곳 산기슭은 아예 벚꽃 은하수다. 차를 탄 채 꽃길을 마냥 오르는 일은 봄날에 불경을 범하는 것 같아 중간에 세웠다. 아니 봄기운을 탐하는 내게 꽃 귀신이 걸어가라 했다. 개나리, 복사꽃, 진달래, 벚꽃, 산목련도 한꺼번에 흐드러져 있다. 천지가 요동을 치는 건지 순서도 없이 다투어 피는 봄꽃은 이 고지대에도 다름이 없다. 꽃의 끝물을 보다가 만개의 꽃을 다시 대하는 희열이 차오른다. 치오르는 길이 끝나자 산자락을 오목하게 파고드는 꽃그늘 꼬부랑길은 숨이 막힌다. 그 끝 남지장사는 절이 아닌 그대로 꽃 대궐이다.

684년(신라 신문왕 4년) 양개조사陽价祖師가 창건하였고, 1263년(고려 원종 4년) 보각국사普覺國師 일연一然이 중창하였으며 임진왜란 때 왜군에게 소실되었다. 이를 1653년(조선 효종 4년) 인혜印惠가 크게 중건하였고 이때 세워진 전각이 11개에 달했다. 창건 후 번성기엔 8개의 암자에 승려만 3천여 명이었고, 임란 때도 사명대사四溟大師 유정惟政이 승병 3천 명을 훈련시켰다. 찾아 읽은 몇 줄의 이력에 큰절이었음을 알아차리지만 지금은 옛 자취가 없다.

조선 숙종 때라고 전하는 기록이다. 지공, 나옹, 무학으로 일컫는 삼대화상三大和尙의 영정 모사본과 고려왕으로부터 나옹이 받은 발우鉢盂, 지공이 받은 향완香椀을 이곳에 함께 봉안하였다 하니 예사 절은 아니라는 무게를 처음부터 느껴왔다. 그러나 오래전에 분실되어 지금은 알 수 없는 일이 되었다며 안타까워하는 스님의 이야기만 전해 듣는다. 남지장사란 이름도 1767년(영조 43년) 모계慕溪가 중창한 뒤

팔공산의 북지장사와 대칭되는 곳이라 하여 붙였다는데 그 전의 이름은 전해지지 않는다고 한다. 예부터 그냥 지장사地藏寺라고 했다는 말을 전해 들었다며 담담하게 전한다. 지장전도 명부전도 없는 지장사, 기이한 일이다. 사후의 중생을 구원한다는 지장보살地藏菩薩을 모신 절집이었련만 어느새 석가모니불로 본존불도 바뀌었다. 임란 때 유일하게 화를 면해 남았다는 광명루光明樓가 물음을 던지듯 퇴락한 자태를 버티며 산바람을 맞고 있다.

팔공산 동화사의 말사가 된 지금은 적막감마저 돈다. 원래 지장보살의 절집이어서일까 무욕의 공간처럼 비었다. 어디를 가든 불사라는 이름으로 절을 키우고 꾸미느라 요란 떠는 그 일도 해낼 여력이 없는가 보다. 크지 않는 대웅전 법당만 겨우 힘을 내어 손을 댄 것 같은 흔적으로 자리를 지킨다. 초행 때 이러한 절 모습이 되레 좋았다. 옛 절의 고요함을 찾아 안식할 수 있는 곳, 그래서 나는 해마다 봄이면 여기를 찾는지도 모른다.

산 중턱에 성벽처럼 축대를 쌓아 올려 절을 세웠다. 벚꽃이 만개한 마당에서 내려다보니 선계에 올라선 것만 같다. 산 아래를 떠난 봄이 아우성치듯 절을 향해 밀려 올라온다. 산천의 명당마다 절집이 들어서 있다더니 말 그대로이다. 문외한인 내 눈에도 가히 지세의 기운이와 닿으니 풍광에 취한다. 앞쪽으로 가을 억새밭으로 이름난 우미산牛尾山이 내다보이고 팔조령八助嶺에 이르는 능선이 눈앞에 정겹다. 그 많았던 암자의 흔적은 찾을 길 없지만, 본당의 왼쪽 기슭 청련암靑蓮庵과 오른쪽 산 둔덕에 백련암白蓮庵이 옛 고찰의 흔적을 잇고 있다. 사명대사가 수행하였다는 청련암은 서원 형태의 출입문을 한 특이한 구조가 눈에 띄고, 한때 고시생들이 공부하려 찾기도 했다는 곳으로 이름을 얻었다. 백련암은 비구니의 수행처로 오늘 조용하기만 하다.

산바람에 무심히 흩날리는 벚꽃을 바라본다. 사라져가는 생명의 티끌이다. 간단없이 이어지는 예불의 목탁 소리는 그 소멸을 거두는 기도의 소리처럼 울려 나온다. 청아하다. 비탈의 솔바람이 예불 소리도, 마당에 맴도는, 내가 잡은 봄날도 날려 보내고 있었다.

문득 왜 지장地藏이란 이름을 그대로 달고 있을까 싶었다. 그렇다. 임진왜란 때 이곳에서 죽어 나간 3천여 승병의 혼을 달래고 구원해야 할 업이 이 절에 매인 것이 아니겠는가. 함께 죽은 수많은 왜병마저도. 죽음 후의 일, 나락에서 헤매는 일체의 중생을 구원하겠다며 부처에게 맹세한 보살 아니었던가. 그때 이 산골은 전화의 연기로 자욱했으리라. 골짜기 초입에 왜장 사야가沙也可, 한국명 김충선金忠善을 기리는 녹동서원이 있다. 조선의 문물과 유풍을 흠모해 왔다며 전쟁 중에 투항, 귀화한 일본 장수다. 조총을 들이밀었던 그 후예들이 한일 우호의 현장이라며 다시 이 골짜기에 걸음을 하게 되었으니 쌓이는 인연이 묘하다. 청련암 가는 길, 그늘 짙은 수목장 솔숲도 이 절이 맺은 지장과의 인연이다. 숲을 스치는 바람 소리가 혼령의 소리 같아

서둘러 지나왔다.

바람에 쓸린 꽃 더미가 응달에 눈처럼 눈부시다. 떠나버린 봄을 찾아 나선 나는 오늘 천상의 꽃 대궐에 오른 것인지, 내가 봄을 쫓아 왔듯 꽃잎처럼 쓰러져갈 나를 쫓아온 내 뒷그림자를 만나러 온 것인지 생각에 잠긴다. 남지장사의 봄날이 또 간다.

(≪새로운 100년, 달성≫, 2017. 8.)

馬 피에로

마광수馬光洙 교수가 목매었다. 급한 듯 전하는 뉴스를 들으며 그 양반 왜 그랬지 하는 의문과 좀 안 되었다는 느낌이 먼저 들었다. 문제의 인물 한 사람 갔다는, 그런 쪽에 건성 방점을 두는 것 같아서였다. 피붙이가 없다는 말에 더 그랬고 휑한 바람이 지나가는 듯했다.

며칠이나 호사가의 입방아에 오르다가 잠잠해졌다. 야한 소설을 쓴 사람이라며 지레짐작으로 낮추거나 별나게 튄 사람 아니었나 하는 범속한 말씨름이었다. 내 한 모임에서도 상 위에 반찬처럼 올려놓고 토닥거렸다. 진정 그에 대한 앎이 없이 하는 말들 같아 들추어 보고 싶었다.

그즈음 나는 칼 세이건의 ≪코스모스≫를 다시 꺼내 읽고 있었다. 내 지근의 한 죽음과 그 주검을 갈무리하고 난 뒤라 허해져 있었다. 사랑하는 그분도 우주의 물질로 다시 환원되어 갔다. 인간의 존재에 대한 근원적 물음을 그 책에다 던져 찾고 싶어서였다. 광대무변한 우주에 대체 인간은 뭘까였다.

이 대지의 주인공이라며 거들먹대는 인간, 별것이랄 게 있을까 싶다. 적어도 46억 년 지구의 역사에 비하면 그렇다는 말이다. 지표에 출현하여 명멸해간 수많은 생명체 중의 하나 아니던가. 그 책은 인간도 잠시 나타났을 생물의 한 종일뿐 언제 사라질지 모르니 이 땅에 경망스럽지 말라고 힘주었다. 마광수 교수, 그도 여기에 빌붙어 사는 인간이란 한 짐승의 본질을 이야기하려 했던 것 아니었을까.

글은 인간의 삶에 던지는 질문 아닌가. 어찌 원초적 본능에 대한 물음이 빠질 수 있으랴. 그것도 번식 욕구에 덧씌워진 신비의 그 무엇인데. 그는 솔직하고 집요하게 짐승으로서의 인간의 성을 밝혀내보려 했다. 그 작업이 인간으로서의 성만 생각하는 사람들에 의해 무참히 훼방을 받은 일이라 나는 여긴다. 짐승의 성과 인간의 성, 그 경계가 예민하고 갑갑했다. 인간의 성엔 권위와 체면과 엄숙함, 형식과 규범 이러한 고상한 담장이 에워싸고 있었다. 원래부터 인간이었던 듯 거드름과 헛기침이 가득했다. 의식의 한쪽으론 이따금 이거나, 날마다 이거나 일탈을 한 번도 넘보지 않은 자 있는가. 때로는 슬쩍 짐승의 성으로 넘어가 매 맞는 자도 헤아릴 수 없을 만큼인데 말이다. 아닌가? 이 위선을 그는 벗기고 싶어 했을 뿐이었다.

'즐거운 사라', 즐겁게 야했다. 다른 작품도 성을 헤쳐 보이려 했다.

지금이 열 벌 더 그렇다 할 수 있지만, 그때도 그 시절 인식의 수준에서 성의 문제가 온 세상에 시끄러웠다. 군사정권의 위압도 비웃듯 멀쩡한 여자가 잡혀 팔려나가는 인신매매에다, 룸살롱의 성이 밤 문화의 버섯처럼 번졌고, 뒷골목 패거리의 노점이 거리를 덮었다. 이른바 '범죄와의 전쟁'을 선포할 만큼 무질서의 계절이었다. 단언컨대, 그도 그 치세의 소란스러움과 어찌 무관할 수 있었으랴. 말을 걸고, 쓰고 싶었을 것이다.

법에 갇힌 그는 외로운 피에로였다. 馬 피에로, 어쩌면 그는 지극히 짐승처럼 순진한 인간이기를 원했을 것이다. 문학의 품위주의, 양반주의, 교양주의 앞에서 솔직해지자고 했다. 그게 진정 소통 아니냐 했다. 하여 짐승의 얼굴로 분장하고 어릿광대짓을 하기로 했는지도 모른다. 인간의 추한 짓, 혐오스러운 것을 보여주는 것도 문학의 중요한 가치의 하나라고 외쳤지만, 그 고상한 담장에서 튕겨졌다. ≪제국의 위안부≫ 제2판의 글줄에 법의 심판으로 삭제된 ○○으로 표시된 곳의 의미를 알아내려 할 때의 답답함이 다시 밀려온다. 우리는 예술의, 인문의 논쟁을 받아 안지 못하는 나라의 좁은 오지랖을 재며 다른 이들 쉬 건너는 강을 건너지 못해 쩔쩔매는 모습이다.

요즘 음란물 소낙비다. 눈을 감고 있지 않은 한 어쩔 수 없이 보인다. 아이들 못 보게 할 궁리하느라 야단이지 않은가. 나는 어젯밤에도 시간 타령하는 한 건달이 배달해준 영상을 받았다. 힐끔거리며 보고는 사달 날까 지우기도 한다. 그의 소설이 오늘에 나왔다면 그렇게 야하다고 몰매를 맞았을까. 탁한 물이 맑아지듯 대중문화란 그릇은 그조차 그렇고 그런 일쯤으로 받아넘기는 것 아니던가. 한때 〈벌레 먹은 장미〉가, 〈젖소 부인 바람났네〉며 여러 에로물이 그랬다. 이게 어디 법으로 재단할 일이던가.

모난 돌이 정 맞는다고 했다. 한 여성 잡지와의 인터뷰에서 그는 자신의 작품이 시대를 5년 정도 앞서갔다고 했다. 그래서 두들겨 맞았다며 한을 쏟았다. 5년이 아니라 그보다 훨씬 시대를 앞서간 그의 아방가르드前衛적 얼굴 때문 아니었겠나. 무릇 소설이, 문학이 늘 지배 이데올로기와 맞선 자리에 있는 것도 그런 얼굴을 숙명적으로 해야 하기 때문일 터이다.

뜬금없이 '사라'는 좀 참지, 왜 가르쳐주던 교수마저 상대 남성으로 삼아 피에로를 더 곤궁에 처하게 했나 싶다. 일부러 그랬을까, 근엄 떠는 자의 속살이 어떤지. 그러지만 않았다면 늘 도덕군자 연하는 동료 교수나 그런 유의 식자층과 지배층으로부터 따돌림을 덜 받았을 테고, 죽을 만큼 외로움에 떨 일도, 우울증을 앓을 일도, 이제 그만 가노라며 유언장을 미리 쓸 일도 없지 않았을까. 그와 동류의 계층이었던 담장 안 사람끼리 쳐놓은 장막이 더 무섭다고 했다.

"나는 천당 가기 싫어/ 천당은 너무 밝대/…/ 밤이 없대/…/ 달밤의 섹스도 없겠지." 또 하나, "어머니, 저는 효도라는 말이 싫어요./ 제가 태어나고 싶어서 나왔나요?" 그의 시다.

'마광수 교수님, 그 코스모스에 말씀이 있었지요. 달에서도 별에서도 생명이 있다면 짐승이 있을 뿐이라고요. 지금쯤 어디를 지나시는지 알 수 없지만 그 세상에선 원도 한도 없이 쓰시기를. 그렇다고 너무 파고들면 또 탈이 나오.' 이제지만 모두 피에로를 다시 생각해보고 명복을 비는 것도 괜찮은 일 아니겠는가. 그런데 여전히 할 말 제대로 못 하는 것은 내 글이다.

(≪수필과비평≫, 2017. 10.)

견공의 생각

더워도 너무 덥다. 전기 요금이 폭탄 된다는 말에 집 뒤 공원으로 피난 나왔다. 한낮의 느티나무 숲을 이따금 흔드는 바람은 숫제 찜질방 열풍이다. 그늘 두꺼운 의자를 찾아 앉았어도 땀이 등줄기를 탄다. 비명 치듯 울어대는 매미 소리에 숨이 더 막힌다. 아예 의자에 드러누워 보았다. 이글대는 하늘을 두텁게 가린 녹색 잎이 그래도 좀 시원하게 해준다.

뭔가 다리를 스친다는 느낌에 움찔했다. 이 틈새에도 깜박 졸았나 싶다. 열대야로 뒤척인 몸이 잠 보충을 하려 했나 보다. 웬 개 한 마리가 서너 걸음 비켜 옆에 앉아 있다. 길게 혀를 빼문 채 헉헉댄다. 이 녀석이 나를 건드렸나 싶어 자세히 봤다. 목에 줄이 없다. 여인네들 손에 이끌려 공원을 도는 개가 요즘 부쩍 늘었는데 왜 혼자일까 싶었다. 옆에 끼고 다니는 털 많은 놈보다는 덩치가 있고 갈색의 자태도 어엿하다. 주인으로 보이는 사람이 없는 것 같다. 손짓을 해보니 쳐다보다가는 귀찮다는 듯 숨만 헐떡인다. 더위 피하려 탈주한 놈일까.

나에게 입맞춤을 퍼부어대던 누렁이가 생각난다. 학교 갔다 사립문 들어서면 덮치듯 달려들어 온몸을 비벼대며 정을 내고야 물러섰다. 고샅길에서도, 들판에서도 내가 보이면 이내 쫓아와 살랑대던 놈들이었다. 어디에서든 걸림이 없이 영리하고 활달했다. 대를 이어가며 함께 부대끼던 식구였다. 마루 밑에서 새끼를 낳았을 때만 으르렁대기도 했으나 이내 꼬리를 흔들어 보였다. 암내 따라 침 흘리며 떠돌던 수놈도 어김없이 잠은 집에서 잤다. 밤중에 낯선 짐승이라도 접근할 낌새엔 온 힘으로 짖어댔다. 달 쳐다보고 소리치는 녀석도 있었으니 이태백이 못 되고 개 거죽을 타고 난 걸 한스러워했을까 싶다. 불렀던 이름도 생김새도 흐릿한 옛일이 되었지만, 그 녀석들의 몸놀림은 인두 자국처럼 내 안에 새겨져 있다.

문득 그 많은 누렁이의 끝을 알지 못했다는 사실이 떠올랐다. 앙증맞은 새끼 몇 마리가, 어떤 때는 어미 개나 날쌘 수캐가 어느 날부터 보이지 않을 때가 있었다. 못내 애가 타고 서운했다. 새끼는 할머니가 이웃에 나누어 주거나 장날에 팔기도 했다는 것은 뒤에야 알았다. 큰 누렁이도 살림 장만할 돈하고 바꾸었는지 행방은 알 수가 없었다. 입언저리를 뱀에 물려 끙끙대다 헛간에서 숨 거둔 한 녀석의 마지막이 기억날 뿐, 다른 놈의 최후를 같이 한 일이 없었던 것 같다. 후일

보신탕 먹으러 억지로 처음 따라갔을 때도 짐작만 했다.

녀석이 몇 발자국 뒤뚱대더니 다시 주저앉는다. 혀를 빼물고도 이 더운데 수놈 아니랄까 봐 그놈 뾰족한 붉은 끝이 나오려 한다. 주책없는 놈. 색정을 못 이겨 무작정 뛰쳐나온 건가도 싶어 주위를 둘러봐도 금침을 펴줄 이쁜이 견녀犬女는 보이지 않는다. 며칠 전 '동물농장'에서였다. 자신을 버리고 이사 가버린 주인을 기다리는 듯 몇 달째 아파트 주차장을 배회하며 지나는 차를 일일이 지켜보는 개가 있었다. 그 친구와 같은 신세가 된 것은 아니겠지 싶어 손뼉을 치며 을러보았다. 그래도 먹을거리며, 거처며 사는 형편이 옛적 내 누렁이보다는 복 받은 견공이라 싶어 마주 보는데 눈을 힐끔거리며 말을 걸어오는 것 같다.

말도 마요. 복은 무슨 개뿔 같은 복이라고요. 공원에 개가 많아진다고 싫은 눈총을 쏴대는 인간들을 만나면 주눅 들다가도 대들고 싶어요. 누가 공원 돌자고 했나요. 우리 주인집 형편이 괜찮아서 날 데려온 줄 알았는데, 그것도 아니어서 내가 심정이 상해요. 걸핏하면 고함지르며 서로 밀치고 깽깽거리는데 개보다 못해요. 차려주는 내 밥상도 전에 집보다 못하고 정성이 없어요. 둘이서는 터놓지도 못하면서 안주인은 걸핏하면 날 껴안고 밖으로만 나돌지요. 먹고 살기 힘들다 하면서도 개가 늘어나는 건 그 때문이라오. 소통 대용품으로요. 날 보는 눈길이 그윽할 때도 있다오. 내 몸 내 마음대로 못하고 쉬고 싶어도 끌려 다니니 내 본래대로 사는 게 아니라오. 내 앞엣것이 실례를 한 모양인데 흉보지 마시라고요. 내 주인은 그렇게 싸우다가도 밤중에 그거는 죽이 맞아 그렇게 빼먹지는 않는 것 같더라고요. 인간들이 내게는 후사도 못 보도록 붙들어 매어버리고 그러니 열불이 더 나지요.

팔려나가고 잡아먹힐 팔자야 같을 테지만, 힘 든다고, 싫증난다고 굶기거나 내다버리지는 않았으니 아무래도 선생님 소싯적의 누렁이가 복 받은 견공이었던 같아요. 개 주제에 취미생활이 있을 리 없고 뭐 개 복이란 게 다른 게 있나요. 잘 먹고 시원하게 잘 싸질러 대면 그만이지. 동물 학대 이야기가 많이 나오는데 사람들이 뭐가 학대인지 알지도 못하고 나부대지 말라고 해주시라고요. 그렇게 바라보지만 말고 나처럼 혀라도 길게 내빼보시지요. 덜 덥지.

또 졸았는지 머리가 멍하다. 그 개는 보이지 않고 아파트 같은 계단의 젊은 댁이 개를 끌고 지나간다. 그 녀석도 나를 힐끔 쳐다본다. 여전히 사람도 견공도 열불이 날 세상 열풍이 분다.

(≪수필과비평 동인지≫, 2017. 5.)

고지기 소리

녹슨 징이 울리듯 하는 목소리가 아침 식탁을 휘젓는다. 수저를 막 들던 때라 마른 입맛이 더 달아난다. 두세 번 거푸 들리는 말이 가시처럼 성가시지만 나도 이따금 저지른 소행이니 불평할 일도 못 된다. 늘어나는 차량에 통로 주차로 인한 시비가 이어지니 출근 시간에 맞추어 차량을 옮겨달라는 방송이었다. 어젯밤엔 층간 소음을 주의해달라는 소리가 늦은 식탁에 싫은 반찬처럼 끼어들었다. 듣고도 모두 귀머거리인 체해온 일이다.

지난봄 초등학교 적 지인의 혼사에서 만났던 한 친구의 아버지가 떠올랐다. 마을의 고지기였다. 그의 목소리는 지금도 내겐 고향을 회상할 때 떠오르는 소리의 하나로 가슴에 울린다. 어른들이 술이 아베는 초성도 좋다며 일 매무새를 칭찬하던 말도 떠오른다. "부역 나오소오……." 이른 아침 마을 어귀 둑길에서 길게 외치며 여운을 남기던 목소리였다. 가끔은 산모롱이를 돌아 메아리처럼 들리기도 했다. 무서리가 눈꽃처럼 내린 날엔 친구의 아버지는 먼 기적 소리를 내며 '애기못' 고개를 돌아 나오던 기차처럼 긴 입김을 뿜어냈다. 그런 날이면 사람들은 어느 집이나 어김없이 연장을 챙겨 나가던 모습들이 아련하다. 동네 사람들은 그렇게 연락하고 모이고 하면서 마을을 만들었다.

고지기의 목소리가 사라져 갔다. 어느 날 장승처럼 세워진 이장집 장대 끝에 매달린 마을 확성기가 더 큰 소리를 냈다. 집집이 추녀 밑 토벽에 나붙은 줄 달린 소리통에선 마을 소식은 물론 노랫가락도 흘러나왔고 뉴스란 이름으로 세상 소식이 갑자기 넘쳐났다. 갈라진 쇳소리는 지금에 비할 바야 못 되지만, 그래도 그 소리 줄은 아지랑이 지핀 골목길을 휘돌며 정을 실어 날랐다.

줄 끝에서 쏟아지는 소리에 할 일이 없어졌다고 여겼던 걸까. 마을을 휘감던 고지기의 외로운 것 같기도, 곤하기도 한 것 같았던 목소리가 잦아들기 시작하더니 그의 가족은 마을을 떴다. 들일이 한창일 때 소리 소문도 없이 식솔을 데리고 야밤에 떠나버렸다고 했다. 마을 어른들이 당황해했다. 밑동에 두꺼비가 기어 다니던, 그 집 마당의 큰 감나무에 땡감이 익고 있었고 매미 소리만 지붕 위에 쏟아져 내렸다. 그 친구와 더는 생감을 따다 자동차 바퀴라며 나무에 꿰어 끌고 다니던 일도 없어졌다.

잘살아 보자는 혁명 공약의 푸른 말들이 바람처럼 불어 닥치고 있던 시절이었다. 사람들이 달라지고 있었다. 고지기에게는 야속스럽기도 했겠지만, 소리통 때문만으로 마을을 등졌을까. 산지기에다 문중의 잡일을 맡아 하며 굴종으로 누벼온 숙명 같은 옷을 벗어던지고 싶었던 원이 컸으리라. 친구는 나보다 두 살 위지만 같은 학년이었다. 다른 집 아이들과 싸움질하지 말라며 친구의 다짐을 받던 그의 어머니 얼굴과 갈수록 또래를 피하려는 친구 얼굴의 연유를 그때는 몰랐다. 섬겨야 할 사람들의 집 아이와 다투는 일은 피하고 싶었던 심정을.

서로 고향을 뜬 이래 친구와 처음 만났다. 골목 담장을 마주한 이웃으로 살았던 끈은 흰머리에 쌓인 서로의 시간을 풀어헤치고 금방 알아보게 했다. 어느 때, 그의 아버지를 따라 울산에서 산다는 소문이 바람처럼 스쳤지만, 보고 싶다는 생각만 했을 뿐 연락할 길이 없었다. 내내 그의 아버지의 목소리만은 오래도록 꼬리를 달고 뇌리에 남아있었고, 친구도 그 여운을 타고 떠돌고 있었다.

나보다 훨씬 키가 컸었는데 되레 작아져 있었다. 마을을 떠난 후의 행로가 무거웠던 걸까. 다잡고 묻기가 어려웠다. 어쩐지 내미는 손이 반갑다는 말과는 다른 말을 걸어오는 것만 같았기 때문이었다. 입을 터놓지 않으려는 눈치였다. 김해에 산다고만 했다. 함께 온 일행으로부터 건설 현장을 자주 찾아다녔다는 것과 이제는 아들이 못 나가게 해서 집에서 소일하고 있다는 걸 전해 들었을 뿐이었다. 꺼칠하게 전해온 친구의 손바닥에 파인 사연이었다.

이틀 후에 연락을 해보았다. 지금껏 모르고 지내왔었지만 보고 싶었다는 말을 건네고 싶었다. 이게 내 진심일까 생각해 봤지만 절실하지는 않았어도, 살면서 문득문득 떠오르는 사람 중의 한 사람이었던 건 틀림없었다. 뜻밖에 목소리에 힘이 있었다. 대뜸 내가 너랑 동네 아이들을 업어서 내를 건네주었던 일을 기억하느냐고 했다. 비가 와서 물이 불어나면 같이 학교 다니던 동네 아이들을 잘 업어다 주었던 친구의 모습이 떠올랐다. 또래 중에서는 당찼고 힘이 세었다. 초등학교도 다니는 둥 마는 둥 하다 고향을 떠났지만, 학교도 다시 다니고 싶었고 살던 집에 가보고 싶었다고 했다. 한번은 경주에서 오십여 리 길을 걸어 남몰래 찾아와 날이 저물도록 살던 집 앞을 서성거렸다고 했다. 붉은 감나무 잎들을 떨쳐내는 바람 소리는 마을을 떠난 지 얼마 되지 않아 저세상에 간 어머니가 따라와 우는 소리 같았다고 했다. 우리 집 문살에 비쳐 나오는 희미한 호야등 불빛을 한참이나 바라보았다고도 했다. 곶감도 손에 쥐여 주며 다독여 주던 내 할머니도 보고 싶더라고 했다. 목소리가 젖어 있었다. 몇 년 뒤 다시 찾았을 땐 이미 나도 고향을 떠나고 없었다고 했다.

"그날 만났을 때, 니 직장이 좋고 자리가 높다고 해서 말 붙이기가 어려웠데이. 옆 사람도 있는데. 이전에 묻고 물어 전화를 넣었는데 안 되더라." 내 보잘것없는 빈 얼굴이 막막했다. 낯선 번호를 지나치는 나의 무심을 탓했다. 그럼에도 여태 내를 건네주던 그 마음을 붙들고 있었던 건가. 술이는 내를 건너 타관으로 흘러 돌았지만, 안쪽의 고향 산천에 새겨졌을 고지기 아버지의 목소리를 그리워했나 보다. 켜켜이 쌓인 시간의 산모롱이를 돌아 나오는 메아리 같은 말을 풀어놓았다. 그저 이지러지고 째진 쇳소리 같은 세상 소리에 허우적거려 온 나는 아득해진 고향 마을을 서성거리듯 듣고만 있었다.

(≪문장≫ 2015. 11.)

〈산수유 언덕〉/ 캔버스에 오일 54×41㎝/ 하재열

그날 나는 흔들렸다.

길 묻는 일

"요즘은 길 묻는 사람도 없어." 옆 노인장이 불쑥 혼잣말처럼 내뱉는다. 동의를 구하듯 힐끗 날 본다. 산행길의 중간쯤으로 산 아래가 멀리 트여 모두 땀 식혀 가는 곳이다. 나도 그도 배낭을 풀어 허기를 때우고 있었다.

뜬금없다 싶어 쳐다보는데 앞쪽에 앉은 청년들을 보고 하는 말이었다. 비탈길 억새 사이에서 휴대폰을 내려다보고 있다. 산에 함께 오르고도 서로 눈길은 옆이 아니고 앞으로 더 쏠린다. 손에서 떼어내면 죽기라도 할 듯 기를 쓰고 가지고 다닌다. 제 갈 길 거기에다 묻고는 다 찾아 가버리니 나 같은 사람에게 길 물을 일이 있겠느냐며 일갈한다.

요물이라고 할 수밖에 없다. 날로 돌연변이 튀어나오듯 얼굴 바꾸며 출현하니 사는 일이 때론 어지럽다. 사람의 일을 앗아 간다고 술렁댄다. 제가 만들고도 어쩌지 못하며 속만 태우는 소리가 들린 지 오래다. 길 묻고 답해주는 정분도 그놈에게 빼앗긴 일에 포함된 것을 산중에서야 불현듯 알아차린다.

"어르신 길 좀 묻겠습니다." 이전에는 자주 주고받던 말이다. 시골의 마을 어귀에서, 장터의 갈림길에서, 도시의 한길이나 골목에서, 낯선 객지의 길 위에서 오가던 말이었다. 호칭이야 할아버지, 할머니, 아저씨, 아주머니로 바뀌기도 했지만 그게 사는 정이라 했다. 두리번거리다가도 지긋한 쪽을 찾아 먼저 묻는 게 몸에 밴 눈치였다. 때로는 저쪽 노인에게 물어보라는 말도 듣곤 했다. 나이 많은 사람이 잘 알 것이라는 믿음이 구들장처럼 훈훈했다.

말씨가 기이했다. 등짐을 메고 사립문에서 손짓 발짓해가며 할머니에게 말을 걸던 낯선 아주머니가 지치고 남루해 보였다. 토담 옆 늙은 감나무에 매달린 감 몇 개가 더 붉게 빛을 내던 해거름이었다. 육지로 물건 팔러 제주도에서 왔다고 했던 것 같다. 길을 묻던 끝에 하루 묵어가기로 이야기가 겨우 된 모양이었다. 짐 보퉁이에는 알아들을 수 없는 말 만큼이나 낯선 물건들이 삐죽이 보였다. 그 아주머니에게 저녁상까지 내어 주던 기억이 남아 있는데 예전에는 그랬다. 과객의 하룻밤 유숙의 청을 물리치지 않는 풍속이 세상을 묶어주었다.

길 묻는 사람이 확연히 줄고 있다. 내게도 어쩌다 가뭄에 콩 나듯이 물어오는 이가 있지만, 어깨가 후줄근하거나 자분치가 희끗거리는 사람이다. 학생이나 청년들은 좀체 없다. 젊은이들과 말 나눌 일이 그만큼 또 없어지니 갈수록 다른 세상 사람처럼 서로 그렇게 여긴다. 노년이 된다는 건 우두커니 길가에 선 장승이 되어 간다는 것일까도 싶다.

낯선 곳을 찾아갈 때면 나는 차창을 열고 길을 물을 때가 있다. 눈앞에 젊은 여자가 꼬리치듯이 잘도 가르쳐주는데 왜 그러느냐는 아내의 힐난에도 고개는 연신 밖을 힐끔거린다. 나긋나긋한 말을 믿으면서도 가끔은 시원찮은 것 같아 자꾸 길가는 사람 잡고 묻는다. 그래야 안심이 된다. 요물과 친하지 못해 생긴 울렁증이라 여기지만, 제대로 따라가는 일이 억지스럽다.

한동안 비실대며 뒤 공원을 쏘다니는 젊은이들이 뭣에 홀린 것 같았다. 요물 안에서 나타난다는 희한한 요괴 때문에 그런다고 했다. 그걸 찾아 쳐부수는 재미에 길을 넘나들며 쫓아다니다 넘어지기도, 차와 부딪치는 사고도 여러 번이라며 말이 많았다. 요물은 길 가르치는 일로도 성에 차지 않았는지, 자꾸 사람을 호린다. 증강현실이라는 그쪽 세상과 접신하는 무당처럼 떠돌더니 이제는 정신이 돌아온 것인지 뜸하다. 한번은 훔쳐보다가 이승이 아닌 다른 세상의 꼴이 그럴까도 싶어 화들짝했다.

한길 가에서 가구 수선 일을 했다는 노인장, 그땐 일 바쁜데 길 묻는 사람이 성가시기도 했는데 지금은 그것도 그립다고 한다. 오래

전에 일 접었고, 짝도 먼저 떠나 홀로 산에만 온다고 한다. 거푸 마시다 내게 내미는 막걸릿잔에 외로움이 담겼다. 따라가기 벅찬 세상에 대고 분기를 삭이고 있는 것도 같았다. "휴대폰 가지고 다니는가요?" 궁금증이 일어 물었다. 얼굴도 잘 안 내미는 아들놈, 전화로는 가끔 날 찾으니 그나마 다행 아니냐며 웃는다. 요물이 덜 된 폴더폰을 꺼내어 만지작거린다. 길 묻는 것만 아니고 사는 길도 휴대폰을 뒤지며 답을 구해내는 탓에 모두 아비 어미 찾을 일도 더 없어지는 것 같다고 했더니 헛기침을 한다. 둘이서 허하게 웃었다. 뿌연 송홧가루가 비탈을 타고 계곡으로 날리며 사라진다.

날로 진화하는 요물이 사람의 마음마저 따라잡는다고 뒤숭숭하다. 나잇살로 얼굴 세우고, 더러는 이정표 같은 말로 올려다보는 눈빛을 받기도 했는데 이제 어찌 될까 싶다. 마음 놓이는 일이 하나는 있다. 나나 젊은이나 제 몫의 사는 길 어디쯤 와 있는지는 그 요물들도 아직은 모를 것이라는 여유다. 차만 타면 정을 주는 입심 좋은 여자도 그것까지 알 턱이 없다는 안도감이다. 그마저 알아버리는 날엔 세상은 검은빛이지 싶다.

길 묻고 답하던 일이 그리워지는 것은 사람 사는 냄새를 맡고 싶어서일 터이다. 길손에게 잘 곳을 내주던 일은 전설이 되어 아물댄다. 내 안에 여전히 젊은이에게 드러내 보일 수 있는 몇 줄 이정표도 있건만, 애써 감추며 입 다문 장승이 되어야 하는 건가. 비록 천기天氣의

오작동이라 수런대지만 순서도 없이 길가에 쏟아진 봄꽃아, 그래도 반갑다. 내가 너에게 내 길을 묻는다. 편하다.

≪수필과비평≫, 2017. 6/)

늦바람 전展

입구의 '늦바람 展' 현수막이 바람난 양 펄럭댄다. 회원들 얼굴을 보니 바람이 나긴 난 모양이다. 감추려다 들킨 것처럼 상기되었다. 액자에 넣어 놓으니 그림에 더 생기가 돈다. 민얼굴만 보다가 화장한 여인을 대할 때의 설렘이다. 팔월 끝의 산골, 매미 소리가 축가가 되어 전시장을 휘감는다.

붓을 잡고 비비적대온 지 오 년이 넘는다. 개강 때마다 낯선 얼굴이 교차하며 심지가 굳어진 이들끼리 만든 그림 모임이다. 늘 열댓여 명을 넘지 못하는데 나는 귀한 남자가 될 때가 많다. 첫 연필 잡을 때의 작심을 두세 달 만에 거두어버리는 남자들 덕에 웬 늦은 여복인가 싶기도 하다. 흰 머리 탓에 나는 오라버니로 불리기도 하는데 주뼛거리는 나와 터놓자는 호칭이었다. 한 주에 한 번인 그림 그리는 시간이 모두 기다려진다고 한다. 서로 사는 얼굴을 엿보기도 하며 생긴 정에 묶인 탓이리라. 붓 쥐는 일보다 커피잔 잡고 말 쏟아내는 일에 더 열심이었다. 여자들끼리만의 말이 장단을 타면 그땐 나는 남자인 강사 S 선생과 딴청을 떠는 체한다. 그때마다 그의 말과 몸에서는 여자들과는 다른 결핍이 너울대고 있었다.

늘 바깥양반인 줄로 알았던 남편이 퇴직 후엔 아니더란다. 붙박이 양반이 되어 집에 똬리를 트니 울화통 터진단다. 동의할 수 없어 입 다문, 같은 처지인 내 눈치는 아랑곳없다. 시댁과 친정을 들추며 쏟아놓는 각자의 울퉁불퉁한 이야기가 붓질 사이로 거침없다. 굳은 삶의 타래가 한 올씩 풀어져 흘렀다. 붓으로 자신의 얼굴을 다시 그리는 작업을 하는 것 같았다. 그 작업의 희열도 사는 일의 순서에 밀려 간헐온천처럼 얼굴 내밀다가 소식 끊어진 이도 많다.

두 번째 전시회다. '늦바람 展'이라 써 붙였다. 스물두 점의 작품마다 회원들의 바람기가 봄 처녀 치맛자락처럼 퍼덕댄다. 떡과 과일에다 한 잔의 술로 개막의 말을 주고받는다. 용케도 바람길을 잘 뚫어온 사람들이다. 다른 바람에라도 빠져 얼굴 망치는 일보다 얼마나 근사한 바람인가. 한 그림 앞에 작은 꽃 화분 하나 배달되었다. 사는 일이 답답했다던 여자의 표정이 함박꽃이 된다. "축하합니다. 남편", 리본도 분홍색이다.

나는 무엇을 잃어 그림을 붙잡았을까. 다시는 찾을 수 없는 과거의 것들로 헤매었나 보다. 서투른 붓질로 다시 불러 보려 하나 아직 덤벙대고만 있다. 이번엔 산수유 풍정 석 점을 걸었다. 봄이 천지를 집어삼켜 버린 노란 꽃 세상을 그리고 싶었다. 한 점엔 손자 녀석이 산수유 길을 걷는 거라며 거려 넣었더니 아내가 싫어한다. 가뜩이나 한적한 곳에서 자라는 게 걸리는데 웬 촌길이냐고 했다. 어릴 때 내 모습이라며 바꾸었다. 더 그럴듯했다. 버들피리 꺾어 불며 들길 쏘다니던 나였다.

전시장을 덮은 산그늘이 깊고 길다. 시내를 한참 벗어난 '대구미술광장'은 대관료가 없어 힘겨운 화가들에게는 넉넉한 품이다. 알리고 싶은 마음을 누르다가 그래도 하며 몇 군데 자랑을 하고 말았다. 멀리까지 찾아준 이들이 고마웠다. 은근히 평을 듣고 싶었으나 좋다는 걸 치레 말로 돌아올 것 같아 묻지 않았다. 부러워하는 표정을 읽으며 옳거니 했다. 내 그림으로 사람과 통하는 일, 그것을 하고 싶었던 것인지도 모른다. 할머니와 살던 유년, 어머니의 얼굴을 그려 처마 밑 흙벽에 붙여놓았던 것도 어머니에게 닿아보려 했던 일이었으리라.

옆 계곡의 물처럼 흐르고 만 이레의 낮과 밤을 보내고 모두 그림 앞에 다시 섰다. 가족, 지인들이 보낸 화분들로 전시장이 풍성해졌다. 내 그림 옆에도 장미꽃 한 송이 꽂혀 있었다. 상큼했다. 이전에 함께 그렸던 여자 회원이 보낸 것이라 했다. 지금은 다른 데서 그린다고 했는데 찾아왔던가 보다. 알아채지 못하게 보낸 남편의 깜짝 정표에 울컥했다며 한 회원은 여전히 들떠있었다. 몇 그림의 값을 묻는 관람객이 더러 있었다고 뜻밖의 말을 S 선생이 전한다. 괜히 모두 우쭐해한다. 풋그림과 뭐가 통했기에 값까지 물었을까 싶었다. 마침 둘러보던 일행 중 여자 한 분이 내 그림 앞에서 누가 그린 거냐고 한다. 작가의 붓질 같다며 치켜세운다. 강사 선생의 지인으로 화가들이라 했다.

치켜세움의 말 뒤로 서늘한 그늘을 읽는다. 대형매장의 문화센터마다 죽순처럼 솟아난 미술 강좌가 꼬리를 친다. 미술뿐이 아니다. 시민들에게 취미 생활의 길을 터주니 고맙기는 하지만, 문화란 말로 고상한 척 분칠을 하며 물건 팔아줄 고객 붙잡으려는 장사꾼 소리를 더 낸다. 그래서 꼬리 친다고 했다. 그 꼬리에 가난한 작가들이 산다. S 선생도 거기서 만났다. 수강생의 지갑이 그 화가들의 밥을 일정 부분 해결한다. 팔리지 않는 그림을 품고만 사는 작가들이 재주를 품팔이해야 하는 곤한 곳이다.

그들의 셈법이 복잡하다는 걸 안다. 초보의 솜씨가 좁은 시장판에 난전을 펼까 싶어 찜찜해 한다는 말을 들은 적 있다. 기우에 그칠 일로 여겼는데, 뒤늦게 배운 색칠 놀이로 취미를 넘어 어쭙잖게 욕심을 내는 일도 일어나는 모양이었다. 그림에 호평을 붙이면서도 숨기지 못하는 근심의 분위기를 읽는다. 그 얼굴을 이해해야 했다. 예술과 밥그릇, 이를 누가 나서 한마디로 말 붙일 일이랴.

화가들의 담론이 앞 국숫집 점심에까지 이어졌다. '대구미술광장'의 관리를 떠맡은 S 선생은 말이 없었다. 그 일의 덤으로 전시장 바로 옆방에 그의 화실을 두었다. 무지갯빛 같은 점묘법의 독특한 화풍으로 이름난 그는 시세에 굴하지 않는 옹골찬 뚝기로 버티는 사람이다. 빈 주머니일 때가 많은 그를 우리는 안다. 그래도 사는 일에 약하지 않아 보이려는 호기인지 늘 좋은 얼굴이다. 어쩌면 그의 빈 주머니는 세상에 대한 섭섭함, 허전함, 괴로움을 뛰어넘어 비어 있음을 즐기기라도 하는 것 같은 그의 힘의 연원인 것처럼 보였다. 나도 여태 그의 작품을 겨우 한 점 집에다 걸어놓은 형편이니 할 말이 없다. 여자를 두어 번 귀띔해보아도 목석임을 자청한 듯했다. 줄곧 혼자인 채로 얼굴의 나이테가 굵어만 가는데도, 늦게 이름이 알려지며 팔리기 시작한 그림에 더 정이 가는지 딴전이다. 짝을 책임져줄 수 없을 것 같다는 그의 말이 그림 세상의 온갖 말을 압도한다.

파장의 전시회에 화가들의 말과 우리들의 말이 서로 엇갈린다. 벌이를 위한 그림과 늦바람 그림 사이의 틈새로 다른 생각들이 소리 없이 부딪치지만 서로 눈으로만 말한다. 그러나 둔덕의 '늦바람 展' 깃발은 여전히 바람기를 거두지 못하고 나부낀다. 거두기를 거부하는 흔들림으로 전이된다. 늦바람 타고 흔들리기만 하면 되는 회원 모두에게.

(≪선수필≫ 2016 여름호, 2016. 9.)

역신疫神에게 고하노니

느낌이 좋지 않았다. 지하철에서 내리자마자 곧장 화장실로 가 손을 씻었고, 집에 들어서자 또 비누로 문질러대며 씻었다. 그래도 찜찜하다. 옆자리 노인장의 기침이 거슬렸다. 모두 움찔거렸고 나도 슬그머니 일어나 포말의 사정권을 벗어나 거리를 두었다.

철교 위에서 멈추어 버린 열차처럼 나라가 술렁대었다. 뛰어내릴 곳도 없어 보였다. 어디에서 메르스란 역병과 조우하여 묶여갈지 모르는 두려움이 먹구름 드리우듯 했다. 뒤숭숭한 소문은 떠돌았지만, 그래도 내 사는 곳에는 확진 환자가 없다는 안도감에 태풍 길에 비켜 있는 것 같은 여유가 있었다. 밤새 안녕이라고 했던가. 서울의 그 이름난 병원에 문병 갔던 이쪽 한 사람이 확진 판정을 받았다고 했다. 우리 도시도 뚫렸다는 방송에 출근하는 딸애 얼굴이 불안해진다. 격리되었어야 함에도 사실을 숨긴 채 공무를 본답시며 경로당이며 여러 곳을 돌아다녔고, 직원들과 회식까지 했다니 악귀의 오랏줄을 많이도 깔아 놓았다. 모임과 강좌를 쉰다는 문자 메시지로 내 휴대폰이 오늘 연이어 소리를 질렀다.

사스를 막아낸 자신감에, 그것도 김치의 위력도 한몫했을 거라는 말의 주술이 미더워 손을 놓았을까. 메르스 역신은 옛 사라센의 군대처럼 보무도 당당하게 단군 할아버지 성에 입성했다. 북적대던 거리가 철 지난 해변처럼 바뀌었다. 우리를 병 옮기는 벌레라도 되는 양 여기는 외국의 시선에 분통 터진다. 한참을 쭈물대다가 독감보다 좀 더 독한 감기라며 꼬인 일에 벗어나려 안간힘을 쓰는 나라님의 말씀도, 크게 걱정할 일이 아니라는 전문가 해설도 버스 지나간 뒤 흔드는 손이었다. 예상을 뛰어넘는 전파력과 엮여가는 주검들 소식 앞엔 마이동풍이었다. 갈 곳이 없어지고 있었다.

처용處容을 만나러 가야겠다. "서울 밝은 달에 밤들이 노니다가/들어와 잠자리를 보니/다리가 넷이도다/ 둘은 나의 것인데/ 둘은 누구의 것인고?…" 아내를 범하는 역신 앞에서 태연히 노래 부르고 춤을 추어 쫓아내었다던 처용이 부러웠다. 메르스와 맞선 처용들의 춤과 노래가 시원찮았다. 되레 역신이 춤을 추게 만들 일만 골라가며 하고 있었다. 최고의 의료수준이라면서도 허둥대는 병원, 이름값 올리려는 배우 같기만 한 정치권, 격리가 뭐냐며 뛰쳐나간 의심 환자, 메르스의 진군을 알리는 응원부대 같은 종편의 거친 언어, 거리를 비워버린 갑남을녀의 세상 사람들, 모두 역신의 편이었다. 고기를 잡을 수 없는, 얼기설기 엮어놓은 어설픈 통발 같은 나라에 살고 있었다.

역신은 언제 물러날까? 날도 가물고 마음도 가물어 간다. 어쩌면 좀 살게 되었다고 방종으로 흐른 우리를 벌하는 하늘의 뜻이라 여기기도 했다. 나라님 말을 믿자며 되뇌지만 알레르기 한 가지를 달고 사는 내 앞에 다가서면 어찌 될까 싶어진다.

역신에게 고하노니, 나는 처용의 탈을 쓰고 '어화둥둥' 춤을 추고 있노라.

(≪수필과비평≫ 166호, 2015. 8.)

수막새

설 연휴가 길다. 노는 날 뿐인 내겐 여전히 같은 날이련만 더 길게 느껴진다. 운동하던 데며 늘 발 내밀던 곳이 문을 닫았기 때문이기도 하고, 거실의 광대 통이 두어 번 본 걸 되새김질하듯 또 보여주어 그런 것도 같다. 사는 일이 헛갈리는 때가 있는데 설, 추석 명절날 멍하니 세상 소식 들을 때가 더 그렇다.

모 가문의 육백 년 전통의 제례 모습이라며 비춘다. 도포에다 갓으로 의관을 갖춘 제관들의 표정이 마치 다른 세상 사람만 같다. 자랑스러운 전래의 명절 의례라는 말을 붙인다. 그 모습이 우리의 정체성을 표상하는 것처럼 힘주어 알린다. 퇴락한 기왓장이 떨어질 듯 처져 있는 고택의 용마루도 비춘다. 그래야 방송에도 설날 무게가 실리는 양 여기는 투다.

한편으론 명절 증후군이 어떠니 하는 해묵은 소식을 같은 입으로 전한다. 조상 모신 밥상 끝에 갈라서는 짝이 늘고 가족 간의 갈등이 되레 깊어진다고 문제를 짚어나간다. 화면에는 제사를 모시는 장면을 내보내면서다. 절을 하면서도 살림 몫을 저울질하며 괜히 트집을 잡다가 큰 소리가 나온다고 한다. 차례 끝나자마자 흩어지기 바쁘고 처가로 끌리듯 달려가는 젊은이 걸음도 당연하게 여기는 일이 되었다. 뭐가 흐트러진 것인가? 자손들 소행이 괘씸해도 조상이 싸움질하라고 호각을 분 것은 아니지 싶은데, 얄궂은 시절 탓인가 하기엔 너무 어수선하다. 설 끝나자마자 형네에게 총질해댄 뉴스를 대하니 사는 일이 난마 같다.

선친의 생전 때다. 향교에도 출입하시고 문중 일이라면 열일 제쳐놓고 간여하시던 분이니 오죽하셨을까. 명절엔 늘 근엄했다. 조상을 어깨에 얹어놓으신 것 같은 표정을 했다. 도포를 볼품 나게 입으시고 제주의 위엄을 한껏 드러냈다. 제상 앞에 엎드린 삼촌네나 모든 제관은 덩달아 엄숙한 표정을 지었지만, 때로는 말을 삼키는 듯 아닌 얼굴도 엿보였다. 선친은 어찌할 수 없는 시절 흐름을 재어가면서도 식솔들이 세파에 이지러지는 걸 막으려는 듯 도포 자락을 더 움켜쥐며 용을 쓰시는 것 같았다.

지난해 대기업 임자들의 재산 분쟁이 수시로 세간의 화제를 끌었다. 그렇게 많은 재물을 지니고도 싸울 일이 있나 싶건만, 돈 앞에는 부모 형제도 없다는 시중의 말을 증명해 보이려는 듯 음흉하기까지 하다. 가진 자가 이럴진대 가지고 싶은 것이 많고도 많은 서민의 싸움질이야 크게 허물하지도 못할 일이 된 것 같다. 아비가 못 살아야 형제간에 화목하고 가진 게 있으면 불화한다는 우스개가 하늘의 잠언 같다. 재벌가의 명절 제사며 기제사는 어떨지 갑자기 궁금해졌다. 필부의 그것에 더 나을 것도 없을 것 같다. 조상이 칼 가듯 벼루어온 호각을 여러 번 불었을 터이다.

OECD라 일컫는, 앞서간다는 국가 중 우리나라가 자살률 앞자리를 차지한 게 몇 해째나 된다는 소리다. 가족 간 살해율도 그렇다고 한다. 사는 게 힘들어 그렇다지만 우리만 그런가? 경제 위기를 겪고 있는 유럽의 몇 나라나 우리보다 훨씬 어렵게 사는 곳이 얼마나 많은가. 어디가 잘못된 걸까? 명절마다 엎드려 조상의 말씀을 새기고도 이러니 전통의 미풍양속이라고 떠들어 대는 게 머쓱하다. 아무래도 조상을 잘못 모셔 입은 화라고 혹을 떼듯 떠넘기고 싶다. 몇 가지 짚이는 데가 있긴 하다.

옛적엔 혼령이 다닌다는 오밤중이 되어서야 조상님을 불렀다. 대청마루 아래에서 제관들은 빨리 잡수시라며 칼바람 속에서도 숨죽이며 엎드렸다. 턱주가리가 덜덜 떨릴 때가 되어야 고개를 들었다. 지금은 닭장 같은 집에 그것도 혼령이 싫어한다는 귀신 길이 막힌 초저녁에 오든 말든, 절도 하는지 마는지 정성이 없다. 조상님 쌍심지 돋우려 작정한 것처럼 음식 맛볼 틈도 두지 않고 철상을 하고는 저희 입에만 밀어 넣기가 바쁘게 자리 걷고 떠나버린다. 이런 자손들 보고 호각 안 불 귀신이 있겠는가. 내 못 먹을 것이니 너희도 싸움질이나 하며 먹지 말라고.

모임 회원들의 집 주소를 들여다보다 새삼 실소를 했다. 이름이 온통 꼬부랑 글이다. 서열이 부모보다 앞선다는, 옆에 끼고 다니는 개 이름 같기도, 먹어보지도 못한 음식 이름 같기도, 서양의 왕 이름 같기도 하여 몇 번 봐도 선뜻 머리에 박히지 않는다. 늙은 부모 못 찾아오게 일부러 그렇게 짓는다는 우스갯말이 생겨날 만도 하다. 조선 글자가 세상에서 으뜸이라면서도 요상한 이름의 집으로 조상을 불렀으니 귀신같이 안다고 한다지만 알파벳 한 자 배워본 적 없을 터인데 물어물어 오느라 고생했으리라. 이러니 제사상에 찾아온, 공자님의 수제자를 자처했을 조상님들이 도대체가 불편하고 난감해할 일이 아니던가. 성질나서 호각을 불 수밖에.

조상에게 애먼 덮을 씌우려 해보았어도 마음만 개운치 않고 명절날 어지러운 세파를 설명하기엔 턱없다. 조상이 남겨준 맞지 않은 신발을 신고도 벗지 못하는 우리가 스스로 파놓은 늪에 갇혀 허우적거린 탓 아닌가.

선친의 도포 자락 위엄이 풀린 탓이리라. 명절날이나 기일에 전에 안 하던 일 핑계를 대는, 조부님에 딸렸던 식솔들의 일탈이 늘어났다. 아직도 명심보감을 옆에 두고 있는 구십 노모가 서운해해도 어쩔 수 없는 일이다. 머리카락 잘린 삼손이 힘을 잃듯 도포의 힘이 빠져나간

자리를 어쩌지 못하고 있다. 그냥 그러려니 하고 있을 뿐인 일이 되었다.

몇 해 전이다. 추석 성묫길이 차 한 대로 더 단출해졌다. 해외에 나가 살거나 다른 날이라야 된다며 각자 형편을 대다 보니 그렇게 되었다. 조부님 산소에 주목 한 그루가 말라 죽어 있었다. 집에 들어서니 노모께서 좋은 날에 아비 얼굴이 왜 시무룩하냐고 물었다. 말라버린 나무가 내 얼굴에 새겨놓은 그늘을 노모가 들여다보신 거였다. 나무를 베어내고 다시 심어야 하겠다고 했더니 펄쩍 손사래를 치시며 "야야, 조상 묘에 함부로 손대는 거 아이다. 나무가 커져 앞을 가리니 풋감영감에게 걸거치는 갑다."며 천연덕스럽게 웃었다. 풋감은 조부님의 별명이다. 감처럼 떫고 고집불통의 성격이라 붙여진 거라 했다. 노모는 나무가 마른 것은 조부님의 뜻일지도 모른다는 뜻을 에둘러 말하며 짐짓 대수롭지 않게 여겼다. "야야, 일본 사람, 미국 사람 제사 안 지내도 잘만 산단다. 명절도 다 산 사람들 먹기 위해 만들어 놓은 거 아이가" 종종 하시던 그 말씀이 오늘 설날에 다시 와 닿는다. 그렇다. 그런데 산 사람 먹는 일을 왜 이리 꽈배기처럼 꼬아놓았을까.

텔레비전에는 연휴에 외국여행으로 북적대는 공항과 귀경길 차량으로 메워진 고속도로를 비춘다. 시절 흐름 따라 달라지는 명절 치레로 해마다 정체가 덜해지고 있다는 이야기를 전한다. 조상 모시는 풍속도 바뀌고 있는데 내가 공연한 걱정을 하는 것일까? 막 입을 떼기 시작한 손자 녀석이 도포에다 갓 쓴 제관들 보고 마징가 제트라고 했다. 그래, 할아비 눈에도 그렇게 보이기도 하는구나. 그 마징가 제트는 엎드려 절하며 도포 자락의 도덕률로 이 세상을 품을 수 있다고 여기는 걸까? 처진 기왓장을 겨우 받치고 있는 처마 끝의 낡은 수막새처럼 힘을 쓰지도 못하면서 손자들의 생각 한 뼘 덮지 못할 도포 자락으로 헛기침을 해대고 있는 것은 아닌가.

어느 집에서도 내세우듯 나도 풋감영감으로 이어진 정승 하연의 후손이요, 조모로 이어진 회재 이언적의 외손이라는 바람을 쐬기도 했지만 이제는 헛바람인 것 같다. 아무래도 한때 회자하였던 말대로 공자님이 죽어주시거나 죽은 체라도 해야 제사상 앞에서 싸우지 않을 거고 이혼 난리에 가뜩이나 적은 자손들 무탈하게 보듬을 일이 될 것 같다. 명절 보내며 나는 이 세상을 고쳐 붙들어 맬 새로운 수막새를 찾고 있다. 내년에는 나도 공항에서 얼쩡거려 볼까. 그게 한 개의 수막새가 되기도 하려나.

(≪수필과비평≫, 2015. 6.)

손자 생각, 할배 생각

알갱이 아이스크림이라 했다. 아무거나 먹인다고 할까 싶어 사달라는 걸 주저하는데 손자 녀석이 골라 쥔 거다. 탁자를 마주하고 앉았다. 대구타워 전망대에서 시가지를 내려다보며 한 바퀴 휘젓고 난 뒤라 입이 심심했던 모양이다. 뚜껑을 열어젖히고는 날 쳐다본다.

"할아버지, 먼저 먹어요."

통에 붙은 작은 숟가락으로 아이스크림을 떠서는 내 입으로 가져온다.

"아니야, 동현이 먹어. 할아버진 안 먹어도 돼."

"할아버지 먼저 먹으라고. 빨리 빨리이." 두어 번이나 재촉한다. 녹는다는 말이다.

"그럼 너 먼저 먹고 할아버지 줘." 마지못해 제 입으로 넣는다. 그리고는 다시 떠서 내 입에 가져온다. 한입 받아먹으니 씩 웃는다. 한 통 먹는 새에 나를 살피며 자꾸 손을 내 앞으로 내민다. 녀석,

할아버지가 먹고 싶은 줄 알았나 보다. 일곱 살이다.

내 어릴 적이다. 한여름에 가끔 아이스케키 장수가 벽촌까지 들어왔다. 등짐의 통을 열면 김이 서려 나와 신기했다. 동네 어귀에서 "아이스 ~케~키" 길게 빼는 소리가 들리면 헌 고무신이나 병 같은 고물을 들고 아이들이 몰려갔다. 엿장수와 번갈아 물건을 거두어갔다. 물물교환이다. 돈으로 사 먹는 일은 생각도 못 한 시절이었다.

한번은 아이스케키 몇 개를 바꿔 들고 집에까지 오는데 뙤약볕에 반이나 녹아버렸다. 뛰어왔는데도 그랬다. 할머니를 보자마자 울어버렸다는 것과 내 등을 두드리며 웃으셨다는 기억이 난다. 어른에게 먼저 드리고 먹어야 한다고 배웠기 때문이었다. 손에는 얼음물이 녹아 질퍽했다.

그때가 생각나 손자 녀석 보며 싱긋이 웃었다. 떨어져 살아도 할아비 알아보는 것이 고맙고 어미가 허투루 키우는 게 아니라는 생각이 들어 뿌듯하다. 다 먹고는 또 전망대 여기저기를 휘젓는다. 수많은 집과 도로를 달리는 차가 조그마하게 보이는 게 신기하다고 한다.

"할아버지 대구에서 살고 싶은데요."

아래를 한참이나 내려다보더니 불쑥 꺼내는 말이다. 왜 그런데 했더니 대구가 더 좋단다. 제 사는 곳과는 또 다른 도시의 모습을 느끼고 있는 건가 싶다.

한 달에 한 번은 손자 녀석을 만났는데 갈수록 뜸해지니 나로서는 늘 애틋하다. 아비 밥 벌어먹는 곳이 남쪽 바닷가다. 배 만드는 회사의 불황으로 비행기 만드는 회사로 옮긴 후엔 더 바빠서 그런 건가도 싶다. 눈에 삼삼해 보고 싶을 때가 있어도 마음으로 만이다. 이따금 휴대폰으로 녀석을 만난다. 얼굴만 봐도 그렇게 기분이 좋아진다. 내 쪽에서 불러 보고도 싶지만, 자고 있을지도 모르고 아이들이 내키지 않아 할까 싶어 생각만 하고 만다. 휴대폰 만지는 것도 서툴다. 돈 드는 데 자주 보여 달랄 수도 뭐하니 올 때까지 기다린다. 손자 기다리는 재미도 요즘 사는 재미다.

그 녀석이 일주일 나하고 같이 산다. 참 좋다. 아들 내외 직장 나간 새 돌봐주시던 외할머니가 외국 여행을 떠나 집에 데려다 놓았다. 제 할미도 신이나 보물 만지듯 옆에 끼고돈다. 만날 때마다 콩나물 크듯 한 것이 신기하기도, 못 지켜봐 안타깝기도 하다. 외가 쪽에는 갈수록 미안스러운 일이 되어 간다.

"동현이, 얼집에 안 가려고 대구에 살고 싶다는 거지?"

뭘 해도 귀여워해 주고, 어린이집에도 안 가는 게 좋아 그러는가 싶어서 물었다. 고개를 가로저으며 아니란다. 할머니 할아버지하고 있는 게 좋단다. 어제는 할미한테 할머니, 할아버지, 고모 전부 엘크루에 와서 같이 살자고 하더란다. 사는 아파트 이름이다. 아빠, 엄마가 오라고 할까 했더니 내가 말해보겠다고 해서 한바탕 웃었다고 했다. 이전에도 이따금 며칠씩 와 있었다. 그때마다 가기 싫다 해놓고는 제 아비, 어미가 데리러 오면 휑하니 따라간다. 가고 나면 집이 헝뎅하다. 녀석이 내게 입말만 했는가 싶어 웃는다. 조손이 한 집에 기거하던 옛날이 그리울 때가 있다.

내 할아버지는 무서웠다. 어릴 적 나는 말도 제대로 붙여본 기억이 없다. 불그스레한 얼굴이 늘 근엄했다. 사랑채에서 책 읽던 소리는 지금도 할아버지에 대해 남아있는 으뜸 기억이다. 끈으로 철을 한 누렇게 퇴색한 책이었다. 어떨 땐 갓을 쓴 채 정좌하여 책을 마주해 있던 모습을 문간 밖에서 바라보기도 했다. 문회에 다녀왔다는 날은 불콰해진 얼굴로 읊조렸다. ≪명심보감≫이나 사서삼경 같은, 서당에서 익히던 것이었으리라. 그 무렵 나는 교편생활로 경주에서 살았던 부모와 떨어져 혼자 할아버지 집에서 지냈다. 유년의 한참을 형과 동생과는 달리 그렇게 보냈다. 가끔 오는 엄마는 그리움의 대상이 되어갔다. 적적하니 손자 하나는 집에 두고 가라고 했던 모양이었다. 할머니, 할아버지 사랑이 왜 없었겠느냐만, 후일 내게는 늘 쉬 외톨이가 되게 한 일의 씨앗이 되었다.

녀석하고 놀다가도 하나뿐인 게 서운하고 안타까울 때가 있다. 옆에 두고 볼 수도 있으련만 싶다가도 피식 혼자 웃는다. 말도 안 되는 소리를. 내 유년의 일로 자식은 부모와 같이 있어야 한다는 게 내 지론이다. 그래도 손자가 왔다 가는 날이면 할아비인 내가 더 외로워진다. 매달려 재롱떠는 녀석이 하나 더 있었으면 싶어진다. 말도 못

붙이고 둘 눈치만 보고 있는 사이에 몇 해 흘러버리니 어찌 이런 일이 싶다. 인구가 주는 나라 앞길이 보이는 데도 모두 남의 일인 양한다. 그 일에 뒤처진 나는 할 말이 요즘 없다. 근래 수척해진 어미 얼굴 보니 직장 놓은 뒤끝에 다시 얻은 일이 버거워 그런가 보다 한다.

오후의 비스듬한 햇살이 전망대 안으로 파고든다. 쉴 새 없이 나부대는 녀석의 활력이 어디서 나오는지 경이로울 정도다. 아이 본다는 일이 간단치 않다는 말이 이래서 나오는가 싶다. 바로 아래층에 내려가서도 휘젓는다. 포토존이라 만들어 놓은 곳이 멋스럽다. 젊은 연인들이 추억을 새기는 장소인 듯 탁자며 벽엔 사랑의 낙서로 가득하다. 녀석이 오만 포즈로 나뒹굴듯 한다. 사진을 하 많이 찍어 몸에 밴 동작이다. 계속 셔터를 눌러대며 같이 웃었다. 어엿하고 대견하다. 다시 아래쪽 두류공원 놀이시설을 내려다보더니 거기 가자고 한다. 위험해서 동현이가 조금 더 커야 탈 수 있다 했더니 한참을 내다본다.

“할아버지는 하늘나라에 언제 가는데?” 갑자기 난데없는 질문을 한다. 답이 궁하다.

“왜 그러는데? 할아버진 아직 한참 더 있어야 해. 동현이하고 놀아야지.”

“아, 그렇구나. 근데 핵폭탄 터지면 다 죽는대.”

집에서도 묻던 핵폭탄 말을 또 한다. 왠가 했더니 매점의 북핵 관련 티브이 뉴스를 마침 쳐다본 모양이다. 남북 정상회담을 앞두고 북핵을 둘러싼 뉴스가 연일 시끄러웠다. 어린이집에서인지 터지면 다 죽는다고 들은 모양이었다.

"아니야, 핵폭탄 터져도 다 안 죽어. 조끔만 죽어."

"그럼 언제 다 죽어?"

"지구가 별하고 충돌하면 다 죽어."

"언제 충돌하는데?"

"……."

"할아버지 하늘나라 간 뒤에야?"

"그래 맞아. 아주 오래 있어야 해."

"그럼 동현이도 하늘나라 가고 난 뒤에야?"

"……? 그럼, 아주 아주 오래 뒤에. 동현이 걱정 안 해도 돼."

"……. 아 그렇구나."

이런 일이. 여린 감성을 해할까 싶어 덮은 말에 자꾸 꼬리를 달아 묻는다. 답 말이 궁해 녀석이 자주 묻던 우주가 생각나 생각 없이 끄다 붙인 게 더 길어진다. 일곱 애가 생사를 생각하는 것 같아 이 세상사가 어찌 된 일인가 싶다.

고집이 세다고 동네 사람은 내 할아버지를 떫은 풋감에 빗대어 '풋감영감'으로 불렀다. 집 뒤 비알 밭에 따라가고 있었다는 기억이다.

언덕 대숲을 지나는데 하늘을 쳐다보라고 했다. 대숲 하늘 사이로 비행기가 흰 꼬리를 남기며 지나가고 있었다. 요즘처럼 비행기가 흔치 않았을 때였으니 신기했을 터다. 햇살에 상을 찡그리며 쳐다보는 나를 보며 할아버지도 할머니도 자꾸 웃었다는 것과 할아버지가 사람이 타고 하늘을 난다는 말을 했던 것 같다. 손자는 하늘나라가 우주인 줄 아는데 나는 하얀 줄이 그어진 거긴 줄 알았다. 할아버지에게 하늘나라 언제 가느냐고 묻는 일도, 사람의 생사에 대한 일은 생각도 못 했을 터였다. 지금 손자 녀석보다는 한두 살 많았을 때지 않았나 싶지만 이만큼 똘똘치 못했으리라.

타워에 서녘의 해가 붉게 뉘엿거린다. 볼 것 다 봤는지 녀석이 집에 가서 팽이 시합하잔다. 작은 원통 안에 장난감 팽이를 돌려 서로 부딪치기도 하면서 오래 도는 쪽이 이기는 게임이다. 기억에 남는 할아버지라도 될까 싶어 꾸역꾸역 따라 하곤 한다. 손자의 시절, 할배의 그 시절, 생각과 노는 격이 하늘과 땅 차이다. 자꾸 벌어지는 그 틈을 메울 수 있으려나 싶어 만날 때마다 손자 녀석 뒤를 졸졸 따라다닌다.

이전에는 터닝메카드(변신 자동차 장난감)로 놀더니 얼마 전부터는 버스트갓 팽이(플라스틱과 주물로 만든 팽이)에 열중이다. 아비가 들고 온 녀석 짐 보따리엔 온통 팽이다. 날 보러 자주 올 꼬임이 될까 싶어 올 때마다 나도 한 개씩 사준다. 장난감 상술이 현란하여 한

주가 멀다 하고 신형이 나온다. 출시될 때마다 이름이 붙여지는데 그 긴 영어 이름을 잘도 외우고 겉모양만 보고도 그 팽이를 골라낸다. 신기라고 할만하다. 팽이 시합 판을 벌였다. 녀석이 잘 이기는 힘센 팽이는 제가 하고, 약한 팽이만 골라 내 앞에 썩 내민다. 열판 다 졌다. 골목길에서 나무를 깎아 만든 팽이를 팽이채로 내리치며 놀던 내가 원시인처럼 다가온다.

(2017. 12.)

허언은 아닙니다

세상 소리가 요즘 그 소리가 그 소리 같다. 신문에도 TV에도 야무진 눈길을 줄만 한 것도 없다. 모두 미리 맞추어놓은 소리 같아서다. 홀로 거실에서 커피잔 들었다. 그래도 언론인데 싶어 이리저리 채널을 돌린다. 그러다 한곳에 시선이 박혔다. 보아하니 얼마 전 있었던 납북군사합의서를 둔 설전이었다.

말 못하는 귀신 없다더니 모두 잘도 했다. 선량의 얼굴도, 직업처럼 된 예전부터의 단골 출연자도 논리를 세우며 열심이다. 시세에 맞추려 말 다듬느라 애쓰는 낌새도 보인다. 경제가 꼬이는데 그 일로도 목구멍 해결할 일은 되니 그러려니 싶었다. 그게 포도청이란 말대로.

대규모 군사훈련 중지, 무력증강 금지 등 합의한 내용을 하나씩 들며 팽팽했다. 시국에 대한 내 성향을 테스트하는 리트머스 시험지 앞에 선 것 같다. 발 뻗은 땅 기운을 어쩌지 못해 나는 보수에 끌린다.

그쪽이 퍼지르는 열불에 더 공감이 가니 그렇다. 아니 명태 눈이 된 '보수'보다 살길 찾는 '백수'이기 때문이다. '우리 쪽 군사력만 붕괴시킨다. 훈련도 할 수 없는 오합지졸 국군'이 된다는 말이 토론 끝나고도 귓전을 맴돈다.

다시는 같은 핏줄끼리 총부리로 엉키는 일만은 안 한다는 대전제가 담보된다면 어쩌랴 싶다. 식은 커피를 마시며 생각에 잠기는데 서늘한 소리 들린다.

여기 말 못하는 귀신 있소. 물속에서도 들리는 소리가 있어 심히 불편하오. 평화구역 설정은 서해북방한계선(NLL)을 무력화시키려는 북의 술수요. 우리 죽음은 뭔가요? 시절이 야속타 하지만 속이 허하오. 소주라도 한잔 주시오.

할 말이 없다. 역사의 진운이 어찌 될지. 그때 비분강개하며 영령들 앞에 내가 써 올린 글이 떠오른다. 그걸 다시 내보인다. 영령들이여 제가 허언한 것은 아닙니다.

〈그래도 총은 잡아야 하지 않겠는가〉

사월이 와도 애달픈 오열의 바다, 바람은 여전히 차고 시리다. 3월 26일 천안함이 찢겨 내려앉았던 서해는 통한의 소리를 삼키고 오늘도 무심히 푸르게 넘실대는가.

떠나보낸 지 몇 날의 해 넘으려 하는데 하나뿐인 아들을 보낸 어머니, 지아비를 잃은 아내, 아빠를 여읜 여린 아이들, 동생과 형과 오빠를 잃은 형제들, 전우를 떠나보낸 병사들, 그 이별의 의식에 허망한 모습으로 참석한 산 자들의 애절한 절규와 눈물이 천지간을 메워 흐른다.

그대들 무슨 인연으로 살다 이렇게 가슴을 쥐어뜯는 어머니의 품을 떠나려 했는가. 울다 못 해 혼절한 아내를 두고 떠나려 했는가. 눈물로 범벅된 예쁜 딸들을 어찌 떠나려 했는가. 울분에 찬 전우를 떠나려 했는가. 너무 황망하고 미안하여 그대들 영정 앞에 서성이는 사람들에게 대답해야 한다.

마음 둘 데 없어 꿈을 꾸듯 내려다보니 반도가 보인다. 오천 년 역사가 굽이쳐 아로새겨진 우리 땅이다. 수많은 전쟁의 발굽으로 점철된 강토다. 그 땅 위에 살고 있는 인연으로 오늘 또 한 번 죽은 자와 산 자로 나뉘어 울고 있다. 모질게 이어져 내려오는 역사의 아픔이요 절규다.

그대들 미안하다. 그 억세고 질긴 한반도의 인연을 몸으로 받아 떠난 것이다. 누군가가 받게 될 인연들을 시절 운이 나빠 떠안게 되었다. 한탄해 본다. 살기 힘든 세상이라지만 그대들은 꿈 한번 펼쳐보지도 못하고 져야 할 청춘은 아니었다. 이 땅에 발붙여 사는 소박한 꿈을 가진 민초였다. 이 땅을 지켜야 할 숙명을 어깨에 멘 남정네였다. 나라의 부름으로 푸른 바다에 서게 된 수병이었다. 이것은 한반도 여인의 모태에서부터 타고난 피할 수 없는 남아의 멍에였다.

이 오열, 절규, 분노, 이건 대하처럼 흘러내리는 우리 민족의 아픔이요 역사의 질곡이다. 끝 모를 슬픔이다. 같은 말 하면서 마주 보고 총질을 해 깊고도 깊은 생채기를 낸 지 육십 년이 되었다. 여태 아물지 않는 상흔이 오늘 더 아리고 쓰리다. 대륙과 해양의 발굽에 맞서 파란만장한 역사를 이겨낸 같은 우리가 아닌가. 반세기 넘도록 서로 겨누고 있는 총부리가 통탄스럽고 분하다.

우리가 힘이 없었음이다. 반도를 갈라놓아야 속 편한 이웃들을 꺾어 판세를 바꿀 힘이 없다. 그들은 득실을 따지며 오히려 반도의 아픔을 즐기기도 할 것이다. 같은 겨레이니 어찌하랴. 함께 갈 길을 찾으려 끝도 없는 트집을 인내하며 돕기도 하였으나 북이 내민 칼날이 너무 쓰리다. 더하여, 이 시리고 아픈 사월의 통곡조차 북의 칼날이 아니라고 갖은 이유를 끄다 붙여 줄기차게 고개를 가로젓는 사람들과 함께 숨 쉬는 하늘이 답답하고 난감하다.

북과 맞닿은 지척의 바다 밑은 어둡고 음흉했다. 밧줄에 묶인 채 공중에 매달린, 차마 바라보기 처참한 동강 난 군함의 몰골을 마주하고 반도의 앞날이 천길 절벽처럼 망연해진다. 어릴 적 배웠던 통일의 노랫가락은 남과 북이 같건만 서로 셈법이 다르니 그 길이 아득하다. 남북화해라는 북의 본심은 애초부터 남의 섬멸이었다.

반도의 하나 됨은 안 되는 일인가. 외세에 눌려 갈라진 이래 북은 곧 죽어도 강성대국을 만들겠다고 핵까지 휘둘러 대며 설쳐대는데, 남은 북과 지낼 해법을 두고 패를 갈라 싸움질만 하다 살필 눈조차 헷갈려 버렸다. 퍼주고도 속절없이 당하고 있으니 반도의 판세를 무슨 수로 어떻게 바꾸려 하는가. 찢긴 군함을 눈앞에 두고도 별도의 물증을 찾아야 하고, 주변국의 기색을 살펴야 하니 답답하다. 우리는 언제나 변방에서 움찔거려야 하는가.

먼저 간 그대들, 한 많은 이 땅에서 총 잡은 것을 억울해하지 말라. 장한 일이다. 그대들 주검 앞에 모인, 산 자들은 다시 북을 극복해 가며 이 반도에서 질경이 같은 질기고도 질긴 삶을 이어 갈 것이다. 누대에 걸친 아득한 역사의 아픔을 그대들이 이번에 또다시 남은 자들을 대신해 받아 간 것이다.

사랑하는 어머니, 못 잊을 아내, 귀여운 아들딸들은 산 자들의 몫이다. 차마 발길 돌리기 어렵겠지만 어차피 끝난 일 다 털고 떠나라. 산 자들은 손등으로 눈물을 닦으며 다시 총을 잡으리라. 할아버지의 할아버지로부터 까마득히 이어 받아온 칼을 다시 잡아야 하는 우리 운명이니 어쩌랴.

내일 오월의 봄볕이 다시 따사로워지리라. 온 산하에 신록이 피어나고 있다. 그대들 명복을 빈다. 미안하다.

(2010. 4)

커피를 마저 마신다. '영령들이여, 군사합의서에 제가 붙인 부대 서류라 받아주십시오.' 역사는 힘을 가진 자의 것이라고 했다. 힘을 가지려 하는지, 힘을 내주려 하는지 알 길이 없으니 나는 자꾸 바장거린다.

(2018. 10.)

물이 물 타령하다

물줄기가 시원하다. 마침 물 뜨러 온 사람이 나밖에 없어 물통을 금세 다 채워간다. 옆 놀이터에서 뒤엉키다 온 꼬맹이 둘이 달려든다. 수도꼭지에 입을 들이대고 한 모금 넘기고는 소매로 쓱 입을 닦아낸다. 마뜩잖은 내 표정을 알아챈 듯 이번엔 입을 떼고 몇 모금 더 받아넘긴다. 재잘거림이 봄 햇살 같다. 바닥 틈새의 물을 쪼던 비둘기가 막 들어선 아낙에게 쫓겨난다.

집 뒤의 공원 한쪽에서 쏟아져 나오는 지하수다. 지하 200m의 암반에서 흐르는 물이라 했다. 퍼 올린 물을 다시 활성탄소로 정수해서 내보내는 시설까지 아담하게 자리 잡았다. 처음 시추 작업을 할 땐 구청의 일이 미덥지가 않았다. 밀집한 아파트단지의 땅속에서 끄집어낸 물을 누가 먹을까 해서였다. 수돗물이 안전하다며 그렇게나 주장해온 말과도 다르니 뭔 일인가 싶었다. 그런데 사람들이 모였다. 모 주류 회사가 원수로 사용한다는 물보다 좋다는 소문이 나고서다.

보건환경연구원의 수질 검사 결과도 나붙었다.

먹는 물이 세상을 뒤집듯 난리를 낸 적이 있었다. 1991년 봄 낙동강에 흘러든 화학 물질 '페놀'이 집 수도꼭지에서 흘러내린 일이었다. '낙동강 페놀 오염 사건'으로 불리며 수돗물은 한순간에 신용불량의 신세로 입 밖에서 겉돌게 되었다. 구미의 한 번듯한 업체가 저지른 일로 대구, 부산, 마산을 비롯한 영남지역의 식수원을 오염시켰다. 그때의 기술로는 걸러낼 수 없었다고 했다.

가까운 대구의 피해가 컸다. 역한 냄새에 구토에다 배앓이 환자가 병원을 채웠다. 유산하는 임산부가 속출했으니 수돗물에 대한 공포에 휩싸였다. 먹는 물을 구하는 것이 사는 일의 첫 번째 순서가 되었다. 사람들은 '물을 찾아 삼만 리'라는 말이 나올 정도로 물통을 들고 쏘다녔다. 그해를 넘겨서도 오래도록 그랬던 것 같다. 파는 생수도 흔치 않던 시절이라 서민이 어떻게 사 먹을 형편이 되었겠는가. 퇴근 후에 곧장 멀리 물 좋다는 골짜기나 샘물을 찾아가는 것이 하루 일의 끝이었다. 나도 해인사가 있는 가야산 기슭까지 간 적도 있다. 휴일이면 그런 곳엔 물통이 장사진을 이루었다.

사는 일 바쁜데 언제까지고 물 찾아 떠돌 수 있었으랴. 어쩔 수 없이 수도꼭지에 입을 맡기게 되었지만 늘 꺼림했다. 그동안 정수 능력을 높여 문제가 없다며 아무리 외쳐대도 관청의 공염불로만 여기니 불행한 일이었다. 생수를 사 먹거나 정수기를 들이는 가정이 늘었다. 수돗물을 그냥 먹는다고 하면 되레 이상하게 여기는 풍조마저 생겼다.

나도 그런 눈짓을 받는 쪽이었다. 생수 사 먹는 건 늘 남의 일이었고 정수기를 걸자는 아내의 원도 못 들은 체했다. 수돗물로 보리차를 끓여 먹으며 세상에서 제일 좋은 물인 양했다. 나라 곳간에서 나오는 내 밥벌이 값의 알량한 무게를 어쩌지 못했다. 어깨띠까지 매고 수돗물이 안전하다는 말을 한 입이었다. 어찌 물을 사서 먹으며 별도의 정수기로 걸러야 한다고 할 것인가. 수돗물 먹고 당장은 죽을 일이 아닌 것도 알면서.

격세지감이다. 생수를 쉽게 사 먹을 수 있게 되었다. 발에 채도록 물병 천지다. 나들이 가도, 식당에 가도 좋은 물이라 이름 붙인 물이 넘친다. 우리 집에도 드디어 수돗물이 밀려났다. 어느새 생수에 길든 내게 아내가 수돗물이 좋지 않으냐고 놀리듯 딴죽을 건다. 그 밥줄 끊어졌는데 뭐 어떠냐고 얼버무리는 내가 허했다. 날로 드세지는 부엌 권력의 미소를 어찌 이길 텐가.

집 뒤의 땅에서 샘물이 솟아오른 건 바로 그 무렵이었다. 생수와 지하수를 놓고 한동안 또 물 실랑이를 했다. 공방 끝에 지하수 판정승. 수질을 공인해준 보건환경연구소의 말이 먹혀들어 간 것도 있지만, 방송의 수많은 건강프로그램이 이길 실마리를 주었다. 일부 생수와 정수기의 수질 문제를 다루었고, 생수 업체의 신뢰성을 두고도 비판의 말이 넘쳤다. 수입하는 외국의 유명 생수는 적도를 항해하면서 끓는 물처럼 데워져 변질한다고 한 이름난 의사가 일갈했다. 내겐 그 말이 유통되는 생수의 실상을 이해하는 키워드처럼 들렸다. 아내도 뒤 공원 물맛에 하루하루 끌리어 갔다.

말 그대로 물을 물 쓰듯 하는 우리다. 수돗물을 먹는 물도 아닌 허드렛물로 여기는데도 물 부족 국가에 포함되어 있다는 게 되레 의아하다. 앞선 물관리 정책을 찾아간 싱가포르에서다. 땅이 좁아서 이웃 말레이시아에서 원수를 수입한다고 했다. 담수와 수입 원수로도 부족하여 하수를 고도 정수 처리하여 먹는 물로 재사용하는 프로젝트, 'NEWater'에 힘을 쏟고 있었다. 아직은 그 재생수를 다시 저수지로 흘려보내 담수와 섞어 정수한 후 가정으로 내보낸다고 했다. 곧 그대로 마실 수준에 도달한다며 결기가 당찼던 관계자의 얼굴이 떠오른다.

십 년도 더 전인 그때 싱가포르 국민의 하루 물 소비량은 1인 160L였고 대구는 370L였다. 비할 데 없이 좋은 수돗물을 낭비하는 우리 얼굴을 외국에서 대했다. 며칠 전 우리나라 수돗물 음용률이 3~4%밖에 되지 않는다는 설문 조사 결과가 신문에 실렸다. 물 만드는 사람 봉급 주려 그 많은 시설과 돈을 쓰는 것 같아 민망스럽다. 수돗물을 만드는 의미가 뭘까 싶다.

대구의 땅 밑에 양질의 광천수가 흐른다고 한다. 세계에 내놓아도 손색없는 수질이라 하니 눈이 뜨인다. 매일신문과 대구시상수도사업본부, 한국지질자원연구원이 추진하고 있는 '동네 우물 되살리기' 프로젝트의 연구 결과다. 암반으로 덮인 분지형 지질이라 엄청난 양의 물이 매장되었다는데 뒤 공원의 물도 같은 거라 했다. 부족한 물 대책으로 시에서 개발한 일이니 나로서는 수돗물을 외면한 건 아니라는 변명거리도 되어 더 반갑다. 곳곳에 막무가내로 파고 보는 민간의 지하수 난개발을 걱정하는 소리도 높았다. 먹는 물이 아닌 다른 용도로 사용하는 것이 아깝고, 제대로 수질 관리도 안 된다니 끝내 물 복을 다스리지 못하는 벌을 받지는 않을까 싶다.

길어다 먹는 물이 좋다. 유년 때 할머니의 애지중지 하던 부엌 앞 물 단지를 맴돌며 자랐고, 차츰 물도 길어 나르게 되면서 몸에 밴 습성 같은 것이었나 보다. 물을 함부로 해서는 안 되었다. 세수한 뒷물도 거름더미가 아닌 곳에 버렸다간 불호령이 떨어졌다. 한때는 산기슭 양계장에서 사람 물, 닭 물 나르며 어깨가 무너지도록 물지게를 졌다. 흰 머리를 이고서도 물 떠다 먹는 일을 하니 내 성이 물河이라 그런가 싶기도 하다.

뒤 공원의 물을 천연덕스럽게 먹다가도 아내 얼굴이 돌연 바뀔 때가 있다. 멀리 사는 손자 녀석 오는 날이다. 먼저 마트에 가서 생수부터 챙긴다. 우리 먹던 물을 먹이다가는 며느리의 눈총을 받을까도 마음 쓰이고, 왠지 파는 물을 먹이고 싶어진단다. 땅속 광천수마저 좋은 체만 해온 것이었는지. 어쩌면 지갑 축 안 내는 물이라 더 끌리었을까도 싶다. 나는 평생 정수기 물 못 먹어 보겠네 하던 지난 말이 내게 방망이질하는 날이 되기도 한다.

봄이 왔다. 육각 모형의 음수대 면마다 붙은 수도꼭지를 둘러싸고 옹기종기 사람이 모여든다. 낯선 사람과 눈도 맞추고 말도 건네며 옛 우물가를 떠올린다. 그 향나무는 아니로되 개나리, 벚꽃과 라일락이 번갈아 내려다본다. 봄꽃 향이 녹아든 물이니 아니 마시고 어쩌랴. 물이 물 타령을 한다.

(≪대구수필과비평 제7집≫, 2017. 4.)

군에 갔다 온 남자들에게

휴전선의 포성

철원의 최전선 평화전망대다. 앞 화면상의 전적지를 설명하는 안내 장교의 지시봉이 분주하다. 멀리 내다보이는 실제 위치를 확인하며 숨을 죽인다. 오른쪽부터 낙타고지와 평강고원, 옛 궁예의 궁궐의 터가 있다는 김일성고지, 오성산, 백마고지, 아이스크림고지가 멀리 가물거린다. 일행의 얼굴이 숙연하다. 몇 년 전 한 단체의 전방 견학에 함께한 길이었다.

남방한계선의 한 초소에 올랐다. 붉은 잎들이 갈바람에 날린다. 청와대를 습격하려 했던 124군 부대가 넘어온 곳이 지척이다. 북측의 경계초소가 멀지 않은 얕은 능선 위로 닿을 듯 뚜렷하다. 병사들의 얼굴빛에 긴박감이 팽팽하다. 사격권 내라 했다. 서로 방아쇠만 당기면 어찌 될지 모를 곳이다. 어리광을 부렸을 앳된 얼굴들이 무장을 한 채 늠름하다. 등을 두드려주고 싶다.

안내 장교의 설명을 듣는데 천둥 같은 소리가 엄습한다. 모두 움찔 놀란다. 산 너머 우리 측의 포사격 연습이라 했다. 여긴 여전히 전쟁의 땅, 낯선 이방의 지대다. 두렵고 답답한 우리 삶의 한 자락이 너울댔다. 한국전쟁은 긴 휴전이란 이름으로 살아 있었다.

다시 군에 가는 꿈을 꾸어가며

한밤중에 잠을 깨었다. 식은땀이 흐르고 있었다. 한번 갔다 온 군대에 왜 다시 가야 하느냐며 누군가와 실랑이를 벌인 것 같다. 꿈이었다. 나는 사십이 다 되도록 군에 다시 붙들려 가는 꿈을 꾸었다. 군에 갔다 온 남자라면 그런 꿈에 놀라 잠을 깬 적이 있으리라. 그만큼 군 생활이 힘들었다는 방증이다. 때로는 트라우마가 되어 괴로움을 당한다. 나는 한 후방 부대의 공병대에 근무했다. 이른바 군기가 세었다. 온종일 고된 작업에 시달리고도 저녁마다 이유도 없는 기압과 매질을 견뎌야 했다. 정해진 의식 치르듯 그런 연후에라야 잠을 잤다. 요즘 병사라면 전부 탈영하고 말았을 것이라며 노병들은 웃으며 회상한다.

남자들 술자리의 군 무용담은 안주였다. 세대를 이어가며 술잔에 따라붙는 노랫가락이었다. 낯선 남자끼리라도 군대 이야기를 꺼내면 쉬 가까워진다. 푸른 제복이라는 떼 낼 수 없는 공통분모가 있어 그렇다. 때로는 허풍이 심한 줄 알면서도 박장대소하면서 서로 흥을

돋운다. 여자들은 이야깃거리가 그렇게도 없어 술판만 벌이면 군대 이야기냐 한다. 다른 말거리가 없어 그런 게 아니다. 푸닥거리하듯 풀어내고 싶은 심사를 주체하지 못할 때가 있어 그렇게 흘려보낸다.

전쟁의 폐허에서 사는 일이 막연한 나라였다. 그러나 죽도록 굶주리면서 오늘을 만들었다. 학생과 군인이 차례로 나섰다. 그 두 번의 대변혁의 시대를 거치며 살아보려 발버둥 쳤다. 보릿고개가 쓰라렸다. 거리마다 새마을 깃발을 꽂아 잘살아 보자며 외쳤다. 군부의 빗나간 권력에 한때 절망도 했다. 엎질러진 나라 살림을 탓도 하지 않고 숨겨놓은 금붙이를 내놓으며 살았다. 지금에야 호랑이 담배 피우던 이야기라 하겠지만, 그 시절 남자는 가장이란 이름의 멍에를 메었다. 곳곳의 직업 현장에서 식솔의 입을 먼저 생각했다. 출근할 땐 쓸개를 집에 빼놓고 가라고도 했다. 남자의 군대 이야기는 힘든 삶을 힘들었던 군 시절을 떠올리며 달래보려는 무의식의 말 잔치인지도 모른다. 살다 보면 군 생활이 향수처럼 다가올 때가 있었지 아니한가.

전방의 그 병사들 얼굴이 떠오른다. 노병들의 걱정이 기우인 듯 용감스러웠다. 내 아들 어렸을 때 이 아이는 군에 가지 않으려나 싶었다. 통일이라도 되어 군 고생 안 했으면 하는 속 걱정이 그런 생각을 하게 했다. 그러나 아들은 어김없이 군에 갔다 왔다. 벌이에 나선 일터에서 바동대면서도 다시 군에 붙들려가는 갑갑한 꿈도 꿀 터이다. 그 철책선의 병사들도 제대는 할 것이고, 추억거리를 술잔에 풀어놓는 유구한 남자의 얼굴을 이어가리라. 그리고 밤중엔 다시 군에 잡혀가는 꿈으로 땀 흘릴지도 모른다. 품에서 재롱떠는 내 손자 녀석도 그 길을 가지 않겠는가. 어찌 반도의 사내가 군을 피할 수 있으랴.

며칠 전 늙수그레한 얼굴들의 한 모임에서 어쩌다 또 군 이야기가 나왔다. 그건 젊은 시절 술안주 삼았던 그런 무용담 너머였다. 조청처럼 달여지고 정제된 삶의 이야기였다. 자신과 직장과 나라의 어려움을 극복해온 사람으로서의 평온한 회상이었다. 그렇다. 우리는 군에 다시 붙들려 가는 꿈에 놀라 잠을 깨어가면서 나라를 지켜왔다. 군대는 젊은 시절의 일터였다. 봉급이 몇백 원으로 기억되는 그런 직장이었다.

평창의 한반도기

평창에 한반도기가 펄럭댄다. 북쪽의 예술단, 응원단, 선수단, 대표단이 도착하는 모습과 얼굴들이 화면을 연일 채운다. 인공기도 선수촌에 내걸렸다. 남쪽엔 말이 갈려 뜨겁다. 한 달 전만 해도 올림픽이 제대로 개최될까 걱정했던 일이라 더 그랬다. 전쟁을 걱정했던 상황의 급변에 모두 혼란스러워했다. 이 땅에서 발붙여 사는 누구도 마음 앓이 안 할 수 있는 일이겠는가.

한반도기는 나를 십오 년 전으로 데려갔다. 2003년 대구유니버시아드대회였다. 그때도 북의 선수단과 응원단이 한반도기를 흔들었다. 대회를 앞둔 막바지까지 떼쓰는 아이처럼 엉겨 붙는 북쪽과 밀고 당기는 말씨름을 했다. 그때 조직위원회 소속이었던 나는 금강산 남북체육회담 현장에도 있었고, 대회 기간 내내 무던히도 마음 졸였다. 내가 평창의 올림픽에 별스럽게 관심을 가지는 이유다. 이번 북의 응원단을 내내 살폈다.

대구에서는 꼭 미녀응원단이라 불렀다. 대회 흥행 전표 같은 말로 여기며 호들갑을 떨었다. 언론의 부추김 탓도 컸다. 응원단의 얼굴과 몸맵시가 분위기를 압도했다. 경기보다 북의 미녀를 구경하러 쏠려 다녔다. 화면 앞에 모여 앉아 방방곡곡이 소란스러웠고, 술잔 들고 수캐처럼 끙끙대는 남정네도 많았다. 그게 남을 한바탕 휘젓고 흔들어 보자는 북의 원래 의도였다. 이른바 체제 선전이 잘도 먹혀들어 간 일이었다.

평창엔 미녀가 사라졌고 그냥 응원단이었다. 예쁘고 잘생겼다는 말은 했지만, 화려한 제복과 일사불란한 몸의 율동에도 이쪽은 차분하고 무덤덤했다. 생경한 모습에 눈길은 주었지만 그때 같지는 않았다. 색다른 볼거리 정도에 머물러 있었다. 되레 남쪽의 자유분방한 관중의 다양성에 압도되었다. 한판 흔들어 보려던 북의 작심이 별것 아닌 것으로 되었다. 철 지난 옷을 입은 사람들 같았다. 이는 우리가 그때보다 어른스러웠고 그릇이 여유로워졌음이다. 그건 고난을 넘어

온 힘이다. 우리의 속살에 박힌 나이테의 견고함이다. 군에 다시 불리어가는 사내들의 놀란 꿈도 거기에 알알이 박혔다.

애국의 말, 애족의 말 앞에서

또다시 전쟁은 안 된다는 건 절체절명의 과제다. 그 일로 인민군 대장 했던 고위급이 휴전선을 넘어왔다. 전방 철책선의 눈을 부릅뜬 초병의 곁을 지나서다. 짓궂은 역사의 행보다. 저세상의 천안함 병사와 집총했던 대한민국 사내들을 능멸하며 징글맞게 웃었다. 술잔 위로 내뱉었던 남자의 숱한 군 이야기가 짓이겨진 것 같아 씁쓸하다.

이것이 역사의 진운인가. 남에는 애국의 말과 애족의 말이 팽팽히 맞섰다. 우리, 군에 갔다 온 남자들아. 이 틈새에서 어찌해야 하겠는가. 이 어름의 시간 선상에 선 우리가 우리에게 갈채를 보내자. 고생했다. 앞길이 답답하지만 두 말이 한뜻으로 뭉친다면 춤출 일 아니겠는가.

(≪수필과비평 동인지≫ 24집, 2018. 5.)

사야가沙也可의 노래

범종 하나가 조명등 아래 푸른빛을 흘린다. 한동안 행방을 몰라 궁금해하던 놈이었다. 대구시와 자매결연을 한 히로시마시에서 '평화의 종'이라는 이름으로 보내온 친선의 증표였다. 이십 년 전 일이다. 두 도시 사람들의 융숭한 환대를 받으며 처음 시청의 현관 로비에 터를 잡았다. 그럼에도 그날 드리워지던 그늘에 잡혔던가. 두 나라의 얽힘에 쫓기어 이리저리 떠돌았던 나그네 처지였었는데, 녹동서원鹿洞書院의 '한일우호관'에서 마주했다. 가창 우록동 골짜기다.

서원이 낯설게 바뀌어 있었다. 고쳐 지은 집이 한층 단아했고 한길의 맞은편엔 없던 주차장이 넓게 들어섰다. 관광지 티가 난다. 임진왜란 때 투항한 왜장 사야가沙也可, 한국명 김충선金忠善을 기리는 이곳이 두 나라 우호의 표상이라는 옷을 입은 덕이다. 바로 옆에 새로 세워진 한일우호관에 처음 들어섰으니 몇 해 만에 이곳을 찾았나 보다. 전시관의 엷은 불빛을 타고 사야가의 이야기가 아물거린다.

왜군이 넘었던 팔조령八助嶺이 여기서 지척이다. 대구로 밀고 들어오던 진격의 길목이었던 거기에서 파죽지세로 들이닥쳤을 발자국 소리가 겹겹의 능선을 타고 들리는 것도 같다. 속수무책으로 무너지고 찢겼을 그때 민초들의 얼굴이 떠오른다. 이 우록동 골짜기의 안쪽 최정산 기슭에서 불타오르는 남지장사의 우람했을 옛 모습도 어른거린다. 사명대사가 왜군에 맞서려 승병을 훈련했던 곳이었으니 온통 이 산골에 전쟁의 연기가 자욱했으리라. 그때도 이 산야를 물들였을 오월의 신록과 푸른 바람은 말이 없다.

사야가는 어디에서 어떻게 투항했던 것일까? 자세한 기록이 없으니 절벽 앞에서처럼 막막하다. 가토 기요마사加藤清正의 우선봉장으로 출병했던 그의 후손이 18대까지 내려오며 이 산골을 지키고 있지만, 감추어진 이야기는 앞 골 뒷골에서 울어대는 뻐꾸기 소리처럼 여운만 남긴다. 1592년 4월 부산 상륙 후에 곧바로 휘하 병졸 3천 명을 데리고 귀화했다는 그의 기록이 참일까? 차라리 팔조령을 넘어와 진군하던 중 결행한 것이라 해본다면, 이 우록동과의 인연이 더 맞아떨어지는 것이니 궤적을 좇는 사람들의 마음이 한결 편해질 일 아니던가.

투항 후 조선군으로 참전했다. 개전 이듬해 1593년 경주 이견대利見臺 전투에서 300여 왜군을 참살한 공으로 선조로부터 사성賜姓 김해 김씨 성과 이름을 받았고 자헌대부의 품계를 받았다. 이후 의령, 울산성 등 여러 전투에서 함께 물 건너온 왜군을 적으로 맞서 베었다. 임란 후에는 자원하여 터 잡은 우록동을 떠나 북방의 변경에서 오랑캐를 대적하며 10년간을 보내다가 돌아왔다. 이괄의 난 때도 반란군 토벌에 나섰으며, 병자호란의 선봉에서 청군에 맞서 싸웠다. 그러나 조선의 공식 기록으로는 사야가란 이름은 선조실록 1597년 11월의 의령 전투에 처음 등장한다. 김충선은 인조 5년(1627) 2월 승정원일기에 처음 나타나고, 사야가와 김충선이 동일인이라는 사실은 영조 37년(1761) 승정원일기에서 비로소 알려진다. 전란의 틈새에 피접만 다닌 임금 따라 사관의 붓도 무디었는지 여물지 못한 기록이 아쉽다.

'한일우호관'이란 이름값에 맞추어야 했을까? 거슬리는 말 한마디라도 있을 법하건만 온통 우호의 말이다. 사야가의 행적과 강화서講和書, 효유서曉諭書 등 귀화의 이유를 밝힌 말들이 전시장 벽면을 채우고 있다. 애써 내세우려는 듯 같은 뜻의 말이 중첩되지만, 일찍이 조선의 문물과 인륜을 중시하는 유풍을 흠모했으며 그 교화에 젖어 동방 성인의 백성이 되고자 귀화했다는 것이 요지다. 투항이냐 귀화냐? 결국은 조선 땅에 남아야 하는 일이니 같은 말이 될 터지만, 투항이었노라고 말할 수도 있을 일에 한마디도 없는 것이 자랑만 풀어놓는 강연처럼 되레 어색하다. 조선의 옷으로 갈아입는 일이 그렇게 쉬운 일이 아니었으리라.

그는 왜 조선에 투항하였을까? 출신지는 어디일까? 풀리지 않은 의문이 그가 그의 호를 붙여 스스로 기록한 모하당慕夏堂 문집으로 해소되기에는 턱없다. 사야가의 이야기를 일본에 처음 소개한 것은 임나일본부의 실체를 줄기차게 주장한, 그쪽의 문호로 추앙받는 시바 료타로司馬遼太郎의 '한韓나라 기행'에서였다. 그 이후 '히데요시에게 반역한 무장', '귀화한 침략 병', '바다의 가야금' 등 그를 소재로 한 다큐멘터리가 방송되고 소설이 출간되면서 일본에서 역사적 조명을 받게 되었다. 그런데 가토 기요마사의 우선봉장이었다면 가벼운 신분은 아니지 않은가. 그럼에도 일본의 기록에는 그때 사야가沙也可란 이름의 장수는 없다고 한다. 조선군에 조총과 화약 제조 기술을 전수했다는 사야가 본인의 기록을 근거로 일본의 전국 시대였던 당시 와카야마 현의 '사이카'라 불린 철포부대에 속한 장수였는데 그 부대 이름이 사야가가 되었다는 설, 대마도인 설 등 여러 주장이 있지만 스무고개 넘듯 실체는 밝혀지지 않고 있다. 아무래도 할 이야기만 하고 입을 다문 것 같은 문집의 기록들이 조명등 아래 그래도 혼연하다. 오늘 두 나라 우호친선의 상징 같은 곳이 될 줄을 알았을까. 오히려 미완의 기록이기에 여운을 남기며 의미를 만들어나가고 있으니 굳이 밝히지 않았던 것이 잘한 일이 아니냐며 되묻는 것 같다.

돌연 사야가의 말이 흔들린다. 내 눈과 귀도 흔들린다. 본인이 밝힌 귀화의 변에 아우성치듯 달라붙은 다른 함성이 퍼져 나온다. 오르지 당신의 뜻에 따라 함께 투항했던 3천 명, 집단 최면에라도 걸렸을

리가 없는 우리 병졸들 명줄의 행방에 대해서는 왜 한마디도 없느냐고 한다. 또 다른 한 무리의 칼날처럼 푸른 소리가 울린다. 귀화 후에 조선의 칼을 차고 전장을 누비는 것 외에 당신의 할 일은 없었다. 하여 경주와 의령, 울산의 전투에서도, 이괄의 난 때도 조선 땅에 흘러들어왔던 우리 동족이 당신에게 많이도 베임을 당했다. 반역의 칼이 어이없고 억울했다. 그렇게 숭앙했다던 조선을 위해서라기보다 그게 숨을 쉬는 길이었기 때문은 아니었던가. 하나 역사 이래로 수많은 전쟁의 얼굴이 원래 그런 것 아니었더냐며 잊기로 한 지 오래다. 이 나라가 '왜'라고 내려 보던 왜군에 끌려간 도공이며 돌아오지 못한 수많은 조선 사람의 억울함도 우리와 같을 진데 어쩌겠느냐. 그런데 어찌 본명을 끝내 밝히지 않았는가? 지체가 높았던 당신의 반역은 애초에 천하에 드러날 일이었고, 가족이 곧바로 참형을 당하였을지도 모를 일인데 가족의 안위 때문이라고는 말하지 못할 터이다. 또한, 훗날 조선 땅의 후손이 뿌리를 찾으려 애달파 할 일이지 않았느냐. 꺼내지 못할 다른 마음 하나가 있었던 것인가? 대답 대신 내리비치는 희미한 조명이 껌벅댄다.

5월 27일, 오늘 오바마가 히로시마에 간 날이다. 어쩌면 지금 원폭이 떨어진 그 자리의 전몰자 위령비에 꽃다발을 바치고 있을 것이다. 거기는 이름하여 '평화기념공원'이다. 도시의 슬로건도 '국제평화도시 히로시마'이다. 자매결연 도시마다 '평화의 종'을 보내니 온통 평화가 그들의 노래다. 사상 최초의 원폭 피해 도시임을 호들갑 떨듯 알리고 있지만 먼저 덤벼든 일의 무겁고 무거운 죄업은 까맣게 감추고서다. 세기의 관심사가 된 미국 대통령의 방문은 찬반으로 갈라져 말이 많았다. 할 말이 더 많은 우리는 더 시끄러웠고, 정부는 어정쩡했다. 두 나라에 뒤엉킨 고리를 풀어나가야 할 처지에 강하게 토를 달 수도 없었으리라. 서글프게도 또 을이었다. 코 큰 사람 싱겁다더니 오바마가, 미국이 그렇게 한 싱겁이 노릇 뒤엔 우리가 쳐다보기만 해야 하는 셈법이 있었나 보다. 일본 언론은 사실상 사과라며 떠들어댔다. 바로 인근의 한국인 희생자 위령비도 찾아주기를 속없는 사람처럼 바랐는데 히로시마 교민들이 누구보다 오늘 더 아리고 슬펐을 것이다.

늘 두 마음을 비벼 내밀며 사람 헷갈리게 하는 일본의 얼굴이 새삼스러운 물음표다. 히로시마에서 살아도 보았고, 자매결연 일을 맡아 했던 내가 그냥 입 다물고 있어야 하는 일이 갑갑했다. 다시 '평화의 종'의 의미와 맞서보려 불쑥 여기 한일우호관을 찾았다. 그런데 또 벽에 부딪히기만 한다. 사야가의 마음을 찾는 일은 이 산골에 떨어져 내렸을 별똥별의 궤적을 찾는 것처럼 무망한 일이려나. 남도의 해안가에서 이순신 장군이 이 땅의 여인들에게 부르게 했던 강강수월래에 그가 부르려 했던 노래는 무엇이었을까?

손등으로 종을 두드렸다. 청아한 울림이 감쳐 흐른다. 그때 대구시는 히로시마에 북을 보냈다. 문을 떼고 들였을 만큼 큰 북이었다. 평화의 종이 그랬듯 떠돌았는지는 모르지만, 처음 터를 잡은 곳은 원폭의 피해 자료를 전시한 평화기념자료관 별관의 현관 로비였다. 내가 종을 두드리듯 누군가 북을 두드리고 있을까. 나그네 행로 끝에 머물 곳을 다시 찾은 '평화의 종'이다. 그 울림이 조선의 바람에 곰삭았을 사야가의 마음과도 같을 진데 대북과 함께 울리는 일이 정녕 어려운 일인가.

오늘 사야가沙也可, 김충선金忠善 선생 또한 답을 내지 못할 것이니 팔조령에 기를 쓰고 성城을 쌓아야 할 일 아니겠는가.

(≪수필과비평≫ 180호, 2016. 10.)

누구는 다 알고 지내는가

아내가 편지를 내밀며 이 사람 연말도 아닌데 웬일이냐 한다. 내가 더 궁금하여 뜯어본즉슨 한 줄 안부의 글이다. "아직 아침 저너 쌀쌀한 날씨가 계속 있는 요즈에 건강하셨습니까. 저는 잘 있스니다." 벌레 먹은 것처럼 받침도 빠지고 온통 삐뚤삐뚤하다. 한국어 배운다는 말을 처음 만나는 날 했는데 여태 그렇다. 뜬금없다 싶어 무심히 책 더미에 던져놓았다.

새벽녘에 뒤척이다 문득 편지가 의아했다. 다시 꺼내 살피니 그 아래에 작게 적힌 주소도 전화번호도 바뀌어 있었다. 내가 여물게 보지 못했다. 이사했다는 걸 나에게 알리면서 '이사'라는 말을 적어놓지 않았다. 글로써 알리는 게 그리도 힘들었던가 싶었다. 미요시 ○○三次, 그를 안 지 이십 년도 넘는다. 사실은 그가 누구인지 제대로 모른 채 만난다.

그날 토요일이었다. 갈 데도 마땅찮아 히로시마 평화공원의 관광

정보센터에서 조선일보를 읽고 있었다. 외국신문도 비치하고 있어 나라 소식 읽으려 주말이면 들르곤 했다. 옆에서 날 지켜보는 눈길을 느꼈는데 그가 바로 미요시였다. 만남의 시작이었다. 그가 찾았던 신문을 먼저 차지한 나를 옆에서 지켜본 것이었다. 인사말이라고 건네는 한국말이 외국어 토막처럼 들렸다. 한글을 배운다며 명함을 내밀었다. 한 유통업체 회사원이었는데 붙임성이 있었다. 그날 저녁 전화로 한국이 좋다는 어설픈 입발림도 했는데 나와 말 연습하고 싶은 눈치였다. 그 뒤 가끔 만났다. 낯선 데서 혼자보다는 휴일에 시간 보내기 좋겠다 싶어 그러자고 했던 터였다.

그의 순하고 솔직한 몸짓에 끌렸다. 파견 근무지였던 히로시마 시청의 깐죽거리는 소리가 안 들려 좋았다. 어쩌면 별 볼품도 없고 몽땅한 체구가 만만해 자신이 생겨 그런 것도 같았다. 은연중에 가방끈 짧은 티도 드러나니 더 그랬다. 그와 인근의 온천과 관광지며 산에도 올랐다. 선술집에서도 마주 앉았다.

에도시대의 조선통신사에 대해 그는 별난 관심을 보였다. 사절단의 중간 기착지였던 히로시마현 앞바다의 시모카마가리下蒲刈島 섬에서다. 자료관엔 그때 조선의 갓이며 도포 등의 의복과 서책이나 신변 도구들이 희미한 조명 아래 바랜 빛을 내었다. 선대의 물건 앞에 나는 심사가 틀어지는데 전리품인 양 자랑해댄다. 밥 사줬더니 되레 화만 돋우는 것 같다. 잘 아는 척하면서도 이것저것 캐묻는데 대답이 궁해진다. 내 땅에서도 본 적 없는 걸 답할 재간이 없다. 끊임없이 던지는, 듣기 힘든 말 연습을 종일 받아내는 내 귀와 입은 녹초가 되었다. 관광 안내원 노릇은 제대로 하고 값은 챙기려는 투다. 얕보다가 말 그대로 왜놈 샘플을 만난 것만 같았다. 괜히 가까이했나 싶어 뗄 궁리를 하기도 했다.

그럼에도 정이 생겨 심중의 말도 텄다. 짝은 만났지만 자식 없이 살다가 일찍 헤어졌다고 한다. 흐른 시간에 곰삭은 듯 허하게 웃었다. 언젠가 내가 눈 감으면 시에서 치워주지 않겠느냐고 했다. 나보다 두 살 위지만 작은 키로 어려 보인다. 말끝에 집안이 궁금해 물었다. 내 쪽 형편은 다 듣고도 다물고만 있는 입을 열고 싶었다. 소식 없는 누나 한 사람 멀리 산다 했고, 부모는 세상에 이미 없는 양했는데 꺼내기 싫은 기색으로 얼버무렸다. 그 후로는 그의 학력이나 직장일도, 가족관계도 구태여 먼저 알려고 하지 않는다. 누구나 사연 하나씩은 가슴에 묻어놓고 사는 거 아닌가 싶어서다.

그는 지금도 절해의 고도처럼 산다. 집 전화로만 연락해온다. 이메일 계정도 휴대폰도 없다. 컴퓨터도 사용 안 한다고 한다. 아니 모르는 것 같았다. 그게 신묘해서 마음이 자꾸 간다. 편지보다 메일로 나와 언제든지 연락할 수 있노라고 해도 여전하다. 아예 이쪽으로는 문을 닫고 산다. 시쳇말로 골동품이다. 잘나가는 그 나라에도 이런 잘나가는 엉뚱한 군생이 더러 있다고 한다.

편지 겉봉의 내 한글 이름이 크게 갈지자를 걷는다. 초등생 글씨다. 주소에 무심했던 건 그가 이사를 하는 그런 일은 없을 것으로 여겨왔던 탓이다. 일 년에 한두 번은 나와 만난다. 부산과 서울에도 아는 이가 있는 모양이었다. 언제나 배편으로 내왕했다. 후쿠오카 부산 간 페리호가 그의 교통수단이다. 비행기 탔다는 말은 들어본 적 없다. 잠도 여관에서만 잔다. 부산에서 일박, 대구로 와서는 나와 하루 보내고, 다음날 서울로 갔다가 다시 부산으로 내려가 배를 타고 돌아가는 식이다. 집으로 불러 밥을 먹기도 했다.

연말이면 손으로 쓴 연하장을 어김없이 보내온다. "새해 복 많이 받으세요."라는 한 줄짜리 글이 전부다. 전화는 가끔 걸려온다. 공부하다가 그런다며 일본말 뭐를 한국말로 뭐라고 하느냐는 물음이 태반이다. 혼자 익힌다고 한다. 몇 사람 교포에게 말을 건네 본다고 했으나 틈을 내주지 않는다고 했다. 그렇게 용을 쓰는데도 제대로 이어지는 말로 꿰지를 못하니 내가 답답하다. 그래도 곰처럼 줄기찬 데가 있어 힘을 북돋우어 주는 말을 지금도 해준다.

내가 그를 오래도록 만나 온 이유가 있다. 보통의 일본인은 입을 닫는 말이 그의 입에서는 쏟아지기 때문이다. 추하고 어두운 곳도 들추어낸다. 남녀의 배꼽 밑 일도 스스럼없이 드러낸다. 자기 나라를 발가벗긴다. 나는 그러지 못하는데 그는 그랬다. 그게 감춰진 그쪽 땅의 이면을 살피는 일이 되니 말꾼 삼아 가까이 두었다. 그의 진솔

함이 섬나라에 가시를 돋우던 내 속도 조금 부드럽게 바뀌게 했다.

집 옮긴 일이 궁금해 전화를 해보았다. 너무 낡아 다른 시영주택을 찾아 들어갔단다. 나라에서 거의 그냥 내주는 임대 주거다. 늘 그래 보였지만 그는 그쪽 세상에서 뒤처진 계층의 냄새를 달고 다닌다. 아직 일본의 그늘로 남아있는 부라쿠민(部落民－천민 계층) 출신 아닌가 싶기도 했지만, 물어볼 수 없는 일이었다. 작은 회사의 월급쟁이 언저리에서 맴돌기만 하는 기색을 했다. 지금은 벌이가 없으니 연금 생활자다.

이야기 끝에 다음 주에 날 보러 오겠다고 한다. 올 때가 아닌데 이사 자랑을 하고 싶은 건가 했다. 수요일 오려는 걸 내 모임 일로 대구엔 다음날 들르라고 했다. 그때가 떠오른다. 내가 귀국하기 며칠 전 저녁 자리에서였다. 윗대에 조선에서 건너온 사람이 있었다는 말이 집안에서 전해져 온다고 했다. 애써 꺼낸 그 말에 내 귀를 그렇게 힘들게 했던 답이 숨어 있었던 건가 싶었다. 한참을 낯설게 바라보았다. 그때 꺼낼 말이 없어 죽을 만큼 아프거나 하면 내게도 연락하라 했다. 그는 안 먹는다던 술잔을 들었다.

일본으로 건너가 생사를 모르는 외삼촌이 한 분 있다. 외조부의 소가 태생이라 외가 쪽에서도 별 관심을 두지 않았다. 내 중학 들어갔을 무렵 성묘 차 나왔을 때 처음 만났다. 그때 함께 온 여자는 그쪽 사람이었고 아이 둘은 외사촌이 될진대, 친 외사촌과도 나와도 말이

통하지 않았다. 내 또래였던 그 아이는 다시 그의 자식에게 한국에 조상이 있다는 말을 이어가게 했을까. 살아보려 꼬리표 감춘 많은 교포처럼 다른 성을 달고 있을까도 싶다. 지금도 두 나라 싸움 탓에 더 세어진 그쪽의 돌팔매를 못 이겨 꼬리 자르는 피붙이가 는다고 하지 않는가.

끝내 제대로 알지도 못하며 미요시를 만나 돌아다녔다. 그 선대가 넘어온 것이 임진왜란 때란 말도 들었다고 했다. 그 일을 어찌 밝혀 볼 수가 있으랴. 미요시三次란 성이 희성인 것만은 분명하고 한국과 마주한 시마네현島根県의 한 바닷가 마을이 원적이라 했다.

어쩌면 그에게서 듣는 섬나라 이야기보다 이 알 수 없는 끌림이 그를 더 기꺼이 맞아드리는 이유인지도 모른다. 청양고추도 생마늘도 우직우직 씹어 넘기는 일본인, 난데없이 수화를 배운다고 했는데 이번엔 무슨 말을 하려나 싶다. 굳이 얼굴 내력을 알 일이 뭐 있으랴. 누구는 다 알고 지내는가. 옛 내 할머니 우스갯말대로 그나 나나 다리 밑에서 그냥 주워온 것이라 해두면 덧없는 인생사 터놓을 일 아닌가.

(2016. 2.)

〈운문사 가는 길〉/ 캔버스에 오일 74×52㎝/ 하재열

이 길 걸어간 비구니 스님들을 생각했다.

반란의 몸

링거액 방울을 바라본다. 초침보다 빠른 간격으로 낙숫물처럼 맥박의 파동에 스민다. 왼팔에 붙은 바늘의 불편함을 견디며 눈을 감고 있다. “전해질도 부족한 것 같아요.” 혈압약 처방으로 매월 한번은 마주하는 동네 병원 의사 선생의 조금 전 말을 떠올린다. 내 배를 무참히 난도질하고 있는 장염이란 놈과 맞서 왜 그러냐고 주사실 침대 위에서 혼자 되뇐다.

이번엔 뭔가 달랐다. 어제 불현듯 또 찾아온 알레르기 친구 탓인 것 같았다. 그 녀석이 정말 안으로 파고든 것인가? 한밤중에 시작한 복통으로 화장실을 들락거리며 비몽사몽 날을 세웠다. 나의 겉가죽을 온통 까뒤집어 놓고는 언제 그랬냐는 듯 퇴각하던 놈이 이번엔 장염까지 일으키며 괴롭히기는 처음이다. 지금까지 셀 수도 없는 전투의 후유증과는 다른 무엇이다. 간호사가 다시 링거를 점검하고 이불을 덮어주고 나간다. 밑엔 전기요인 듯 등이 따뜻해져 온다.

간밤에 잠을 설친 눈꺼풀이 무겁게 내려앉는다. 꿈인 듯 아닌 듯도 한데 입안에서 센 바람 소리가 났다. 까까머리 때 소 먹이러 오르던 산비탈을 치오르는 맞바람에 입을 벌리면 나던 소리였다. 그 소리가 긴 동굴의 울림처럼 나를 불렀다.

너는 자주 아픈 너를 바라보곤 했지. 어쩌면 아픈 것이 본래 모습 아니냐며 아무렇지도 않은 듯 억지도 쓰며 살아왔지. 너도 뒤에야 알았지만 면역체계의 반란이라 했다. 난을 당할 때마다 무척 괴로워한 너였어. 지금껏 용하게 견뎌왔어. 그 많은 전투에서 싸움의 기술을 터득하며 내공이 쌓인 것인지 요즘은 무덤덤한 것도 같아. 약이란 무기를 들고 있어 그렇기도 하겠지만, 그래도 속수무책으로 당하는 일이 지금도 이어지거든. 조심해야 하네.

그 반란군이 너의 몸에 출몰하기 시작한 것이 언제였을까. 헤아려 보며 골몰한 끝에 너는 하나의 사건을 지목하고 있었지. 한 산골 냇가에서 은어회를 먹은 그날 밤에 너는 토사곽란을 하며 배앓이를 시작했다. 장염이라고 했는데 심해지기만 하고 오래 끄는 병세에 동네 의사는 의아해했지. 대학병원에서도 온갖 검사를 하고도 시원한 말은 해주지 않았다. 끝내는 열흘이나 입원하여 치료를 받았어. 그때 너는 몹쓸 병인 줄로 짐작하며 많은 생각을 하더구나. 옆을 지켜주던 네 아내라는 여자의 얼굴을 아픈 배를 움켜잡은 채 줄곧 바라보았지.

제대로 회복하는 데는 근 일 년이나 걸렸어. 참 고통이 심했어. 그런데 이십 년이나 지난 뒤에야 그때 배앓이가 십이지장궤양이었다는 걸 알았어. 직장의 건강검진 때 위내시경 검사했던 의사가 심하게 앓은 흔적이 있다며 알려주었어. 그때의 의술로는 몰랐던 건지, 아니면 너의 병세가 특이해서 알 수 없었던 건지 이상한 일이었어. 그때의 일을 따져 물을 수도 없으니 참 별일이라며 너는 입을 닫았지.

네가 은어회를 먹은 그 산골 냇가는 쌍계사 입구였어. 화개장터 쪽 섬진강으로 흘러내리는 계곡물이 참 맑았거든. 그때 너는 임용교육과정의 9급 새내기 공무원 백여 명을 데리고 현장학습에 나선 길이었어. 1박 2일이었다. 주남저수지의 철새 떼에 탄성을 질러대며 물가에서 덤벙대거나, 진주성 옆 시가지를 밤늦도록 망아지처럼 쏘다니는 연수생들에게 사고라도 날까 봐 너는 신경을 많이도 썼다. 인솔 책임이란 무게 때문이었지. 너는 입이 짧아 회 같은 건 잘 먹지도 않았는데, 절 구경을 하고 내려오던 길 어귀에서 연수생들이 내미는 걸 몇 점 집었지. 피곤했던 몸에 그게 사달을 낸 거였다고 짐작하고 있어.

너의 몸 안의 반란군은 그때 십이지장궤양을 앓은 이후부터 출몰한 거 같았어. 아프고 난 이듬해 봄날이었던 것 같아. 네가 팔공산 꼭대기의 부처님 만나러 오른 날이었다. 집에 오니 팔과 다리에 물집이 생기며 가렵기 시작했지. 병 고쳐주는 약사여래불이라 했는데 너에겐 되레 병이 생겼던 거야. 두드러기였어. 그냥 대수롭지 않게 여겼지. 하산 길 계곡의 한 식당에서 일행과 생두부에다 국수 한 그릇, 막걸리 한 사발 먹었을 뿐이었어. 그때로는 그 골짜기에 논고딩이처럼 붙박인 식당에서 산행의 출출한 배를 채우는 게 그 산에 가는 재미였거든. 주사 한 대 맞고는 금방 나았지. 그리고는 잊어버렸어. 그런데 그날 너에게 찾아온 그 불청의 손님이 지금 반란군의 첫 신고식이었다는 생각을 너는 나중에야 했어. 그게 맞을 거야.

그 후 갈수록 빈도가 심해졌어. 너는 우왕좌왕했지. 알레르기 내과 전문의의 소견을 듣고서야 어찌할 수도 없는 실체가 있다는 걸 알게 되었어. 그 실체가 적으로 인식하는 음식을 피하는 수밖에 없다고 했어. 답답한 말이었지. 너에겐 그냥 굶으라는 말과 같았어. 돼지고기, 밀가루 들어간 음식을 피하는 재주가 너에게 있을 리가 없었거든. 병원에서 처방받은 약도 반란의 기세를 조금 달래기는 했지만 소용없을 때가 많았지. 게릴라처럼 기습하기 때문이었다. 너 스스로 너의 끝을 감지할 만큼의 악랄한 공격만 해도 수없이 받았다. 눈이 보이지도, 말도 나오지도 않았고, 기가 다 빠져나가 버린 몽롱한 의식의 상태 그것이었다.

그때마다 너는 응급실의 하얀 천장을 쳐다보면서 '왜'라는 물음만 던지고 있었다. 걱정스럽게 지켜보던 네 아내나 아이들을 바보처럼 물끄러미 바라보았지. 그런데 서서히 퇴각하는 반란군을 알아보면서도 너는 다시 추격해서 무찌를 힘도 없었고, 그 신출귀몰에 되레 감사해야 했지. 그다음엔 바람 새듯 빠져나간 사지의 원기를 추스르느라 늘 몇 시간은 헤매곤 했다. 의사는 '알레르기 쇼크'라는 용어로 설명했다. 아직 너는 너의 끝에 이를 때가 아니라는 저 하늘 대왕의 셈법으로 아직 동굴의 울림 같은 네 숨소리를 듣고 있는지도 몰라.

의사들은 너와 같은 사람을 자가면역증후군 환자로 분류하더구나. 외부 침입자에 대한 면역항체의 과민, 과잉반응이라고 설명하지. 너의 몸 안에 살고 있지만 네가 다독거릴 수도 꺼내 볼 수도 없는 고약하고도 신묘한 놈이다. 몸을 지켜야 할 정규군이 반란군의 얼굴로 출몰하는 이유를 현대 의학이 아직 밝혀내지 못했다고 하는구나. 너는 너의 몸 염기서열을 엮어낸 이의 소관이라 여기며 체념하는 수밖에 없었어. 끝내 떼어낼 수 없는 괴팍한 친구 대하듯 참고 지내기로 했지. 다만 반란의 횟수가 줄어들기만을 바라고 있을 뿐이었어. 먹을 거리를 앞에 두고 습관처럼 주저하고 불안해하지.

입안의 동굴 소리를 밀어내는 다른 소리에 눈을 떴다. 아내가 와 있었다. 내려다보며 웃고 있다. 친구의 모반을 또 막아내지 못한 패잔병이 답답해 보여 웃을 수밖에 없다는 표정이다. 한두 번이 아니었으니. 링거액을 쳐다보니 아직 반이나 남았다. 이번엔 그 친구가 이상하게 행동한다는 걸 아내도 짐작한 눈치지만 짐짓 모른 채 웃어

보이는 것 같았다. 반란의 창검이 바깥이 아닌 안쪽을 향하면 위험해질 수 있다는 전문의의 말이 윙윙댔다. 그 의미를 새기며 누운 채 내가 나를 부르는 소리를 듣고 있었다.

며칠째 먹지 못해 홀쭉해졌다. 내가 세상의 문턱을 넘는 날은 이 무도한 반란군에 쫓기다 패하는 날일 거라는 생각이 들 때도 있다. 어찌해볼 수 없는 막막함이지만, 언제일지 모를 그 자폭의 예감이 되레 내가 누구인지 자주 들여다보게 한다. 반란의 내 몸을 맞이하면서.

(2016. 3.)

그릇 소리

아내가 아팠고 내가 덩달아 아팠다.

자신의 건강에 무심한 사람이었다. 무슨 트라우마라도 있는지 병원에 가는 걸 그렇게도 싫어했다. 보험공단 건강검진에도 아예 나갈 생각을 안 낸다. 수차 입씨름도 했으나 몸만 도사렸다. 큰 병이라도 있다고 하면, 그다음이 어찌 될까 봐 겁이 나 그런다고 했다. 아예 안 가면 편하지 않으냐고 한다. 눈만 가리면 화살이 피해갈까. 별난 일이라며 답답해하다가 병원 가보자는 말 그만둔 지 오래다.

몸이 약하긴 해도 강기가 있었다. 크게 병치레하는 일도 없었으니 그러려니 지내왔다. 나도 아내의 건강에 무심해져 있었다. 지난 늦은 봄, 갑자기 밥맛이 없다며 먹지를 못하더니 기력이 떨어지고 야위어 갔다. 원래 봄이 오면 힘이 처져 어려워했고, 여름이면 더위를 유독 못 견뎌하는 체질이었다. 봄엔 더러 약을 지어 먹기도 했다. 그걸 알면서도 근간에 몸이 좋아진 것 같아 마음을 놓고 있었다. 아내의 손이 멈춘 집은 궤도를 이탈해 흔들리는 위성이었다. 집도, 그릇도, 숟가락도 제소리를 내지 않았다.

늦게야 평생 한 적 없는 건강검진을 받았다. 나와도 말을 섞지 못한 힘겨운 삶의 짐이 있었던 모양이다. 병원 옮겨 다니며 심신이 꺾여 낙엽처럼 쇠잔했다. 비몽사몽 누웠고 나는 불면의 밤들을 마주하며 이승의 연이 꺾일까 떨었다.

나는 이 일이 받아들여지지 않았다. 치밀어 오르는 마음을 다스리려 애써 굳건한 척 폭염에 후다닥거리며 다녔던 게 탈을 낸 것 같았다. 얼굴이 화끈거리고, 머리가 욱신거리며 힘이 빠졌다. 잠도 오지 않았다. 미련스럽게 며칠을 혼자 앓고야 병원에 갔다. 온열증이라 했다. 의사는 그 나이에 청춘인 줄 아느냐고 했다. 링거 침에 찔리고야 내 몸의 오만을 알아챘다. 아프다고 말할 데도 없이 혼자 비실댔다.

아내의 병은 너무 열심히 산 탓이라 했다. 살림 꾸리기도 빠듯한 형편에 본인 건강을 갈무리할 틈이 어디 있었으랴. 내 때는 공무원은 밥 먹기도 어려운 직업의 하나였다. 사실이 그랬다. 아이들 공부가 한창일 때 아침에 어쩌다 주머니 털어주고 나면 점심 먹을 형편이 못 되었다. 그랬으니 집에 있는 사람은 오죽했겠는가. 그렇다고 누구한테 아쉬운 말도 한마디 못하는 성미였다. 거기다 살림 모으려 바동대었으니 오랜 세월 병을 키워온 것이었다. 올봄 아내의 안색을 잘

살피지 못한 내 잘못이 크다.

한 달여 병원 치레를 벗어나 아내가 집으로 돌아왔다. 헤어나지 못할 심해인가 망연해했는데 병원을 바꾸며 달라졌다. 너무 체력이 약해져 기력이 떨어졌다고 했다. 맛있는 것 많이 찾아 먹고 햇볕 쬐며 돌아다니라 했다. 직장 일에다 힘내어 간병에 매달렸던 딸애가 핼쑥하다. 멀리서 어려운 짬 내어 황급히 왔다 가곤 하던 아들 목소리에 생기가 돈다. 애가 타 들락거린 처형과 아내 두 친구의 손품, 발품이 바빴다.

어느새 인지도 모르게 서늘해졌다. 새벽 책상 앞에 소매 긴 옷으로 몸을 감추어야 하니 계절은 어김없이 떠나고 찾아오는 모양이다. 유별난 여름이었다. 사는 일로 애만 태우느라 병원을 너무 멀리한 값, 마음을 몸에 맞추지 않고 청춘인 줄로 여긴 값을 옴팡지게 받았다. 태풍이 할퀴고 지나가며 남긴 고요의 여운 같은, 어찌 될지 모를 삶을 더듬는다. 부엌에서 다시 아내가 내는 달그락 그릇 소리가 반갑기 그지없다. 이제 시월이 손짓하네.

(2018. 9.)

한 시절 사람들

수시로 울려오는 불청객인가 했다. 댓글을 무심코 곁눈질하는데 이름들이 낯설지 않다. 다시 훑어보니 한때 알고 지냈던 이들이다. 어림해보니 25년 전의 사람들이 흐릿한 얼굴로 하나둘씩 다가온다. 지방행정연수원 '중견간부 양성과정'에 함께한 동기들이다.

근래에 연락이 없었다. 나를 카톡에 초대한 건 L이다. 대전시청에서 일했던, 친화력이 돋보였던 사람인데 수료 후에도 모임을 만들고 연락꾼을 자처했다. 또다시 찾아온 십이월에 마음이 조였을까. 해를 보내고 맞이하는 소회의 덕담에다 세상일에 대한 염려가 넘친다. 출신은 못 속인다 싶은 걱정들이다.

서로의 건강을 묻고 답하는 게 먼저였다. 신변 이야기로 이어지더니 정치로 번진다. 대통령과 뚜쟁이 같은 여자로 인해 뒤집어진 시국에 대한 말이 뜨거워진다. 대여섯 명의 말들을 관전만 하기가 슬며시 미안해져 한 줄 적었더니 참 오랜만이라는 말이 올라온다. 새봄에는 모임에 꼭 얼굴 내어달라는 말도 적힌다.

초창기엔 얼굴 내밀었으나 나가지 못했다. 일 형편도 그랬지만 전국 각지로 다니며 먹고 떠들고 하는 일이 사는 일에 재바르지 못한 내겐 번잡했다. 다음 말을 찾는데 L이 나만 별도로 다시 불렀다. 둘이서 말 좀 하자는 뜻이다. 연수생 중에서도 나와 죽이 맞았던 한 사람으로 친하게 지냈다. 왜 모임에 안 나오느냐며 따지듯 했다. 나오라고 한다. 서먹함에도 이런저런 말이 오간 끝에 봄에 모임 나가겠노라고 해야 했다. 그 친구의 끈질김을 못 이겨 기어들어 가는 말을 적었다.

뻐꾸기 소리에 첫날밤 잠을 설쳤던 기억이 떠오른다. 바로 창밖 숲에서 봄밤을 적시던 소리였다. 전국 시도에서 모인 50명이 같은 연수생으로 만난 날이었다. 6개월 과정의 합숙 교육이었다. 수원시의 교외 '파장동' 산기슭에 파묻히듯 들어선 '내무부 지방행정연수원'에서 동고동락하며 정이 쌓였다. 그때로는 사무관 승진을 앞둔 모든 지방공무원이 선망했던 교육 과정이었다. 경쟁도 만만치 않았다. 시험을 거쳐 선발하여 매년 1기씩 배출한 인력이 전국 지방 관서의 간부로 자리 잡았으니 끈끈한 유대가 생길 만도 했다. 연수원 뒷산의 솔바람이 그립기도 하다. 여태 모임을 이어오는 기수는 몇 안 되며 27기는 열 명 남짓 만나고 있다고 했다. 이미 세상을 떠난 이의 소식에 스산해진다.

그 교육과정은 지방자치의 시대정신과 맞지 않는다고 하여 없어졌다. 자치단체별로 인력을 양성하라는 취지였다. 지방자치 행정이 뭘까에 대해 생각해 보게 하는 일이었다. 모든 걸 중앙집권의 제도에서 벗어나게 하는 게 능사일까. 올해도 닭의 해라고 희망을 이야기하지만, 알은 놓지 않고 울기만 하는 닭이 되면 어쩔까 싶다. 방종 같은 자치의 민주주의가 내 사는 길을 지켜줄지 갈수록 조마조마하다. 그때 전국에서 모인 직원들이 맞댄 자리는 지방행정에 대한 통일성과 균형 잡힌 시야를 만들고 서로 협력해나가는 능력을 키우는 일이었다. 그 단절이 아쉬웠다. 모두 한 시절 인연의 옛사람이 되었다.

그때 대구에서 주말마다 오르내렸다. 한 주 만에 만나는 식구들이 더 살뜰했고, 일요일 오후면 안 가면 안 되느냐고 보채던 초등생 딸애가 풀잎처럼 감겼다. 무궁화호의 사람 냄새와 수원역의 풍정이며 연수원 가던 길이 옛 책장을 넘기는 것처럼 펼쳐진다. 수료식 날엔 아내들도 불러 명예수료증을 주었다. 꿈을 키우던 시절이었다.

(2017. 1.)

두 손바닥 틈새

일요일 동틀 무렵 호텔 로비의 불빛이 존다. 창밖엔 십일월 끝의 사원 가로수 잎들의 날림이 을씨년스럽다. 슈트케이스를 밀고와 옆 자리에 앉는 두 남녀의 입엔 중국말이 술렁댔다. 역시 호텔엔 말들이 섞였다. 잠시 뒤 만날 사람을 기다리며 뜬금없는 생각을 한다. 나와 다른 그의 말은 끝내 이해 불가인가?

"오랜만입니다." 손을 잡으며 나와 그는 같은 말을 동시에 했다. 탐색하듯 서로 뜯어보며 인사치레의 안부를 주고받는다. 만나본 지 오 년이 넘는다. 부지런하면 늙을 여가가 없다고 했던가. 나보다 일곱 위인데도 그다지 축난 데가 없다. 내 얼굴이 쭈그려져 보였는지 살피는 눈치다.

후지이藤井 씨, 그의 편지를 받은 건 며칠 전이다. 대구유네스코협회와의 교류업무로 이번 주말 대구에 가게 되었다며 얼굴 한번 보자고 했다. 메일로 답을 달라며 적어놓았다. 이전에 자주 주고받던 그

메일 주소는 아니었다. 둘 사이의 멀어진 시간이 거기에 맴돌았다. 그는 이른바 마당발로 불린다. 히로시마시의 대구와 관련된 교류 사업엔 얼굴마담처럼 이름을 올린다. 나와는 연락 두절임에도 그동안 수차 이쪽으로 걸음하였다는 말은 들렸다. 그런데 이번엔 무슨 심경으로 만나자는지 자못 궁금해졌다.

건네는 명함에 여러 직명이 가득한 건 여전하다. 팔십 가까운 나이에 무슨 자랑일까 싶지만, 예의 뽐내는 기백도 그대로다. 웃음이 나려 했다. 히로시마유네스코협회의 아홉 명 방문단의 단장이라며 힘준다. 로비에서 서성대는 한 일행을 불러 나와의 이십 년 넘는 관계를 넌지시 알리며 소개를 한다. 반백의 노인은 평생 마이니치신문 기자였다며 손을 내민다. 중간에 세워진 나는 대구방문 인증 사진의 모델이 또 되어주었다. 그와 함께했던 수많은 한 컷의 영상이 머릿속을 흐른다.

히로시마란 도시에 내가 간 것은 지방공기업 정책 연수 차였다. 여러 도시와 파견 협의를 했는데 답이 먼저 온 곳이 거기였다. 오라고 한 것도, 받아들이는 일을 맡은 것도 그 사람이었다. 국제협력과 과장보좌였던 그는 시장의 영어통역도 맡았고 나름대로 국제적 안목을 가지고 일을 잴 줄 아는 인물이었다. 그때 그쪽은 한국 세 번째 도시란 이름값에 끌려 대구와의 자매결연에 공을 들이고 있었다. 나를 부른 것도 그 일의 하나였다는 건 뒤에야 알았다.

“하 계장님, 반갑습니다. 환영합니다.” 히로시마 시장이 내 손을 흔들며 불쑥 던진 한국말이다. 첫날 예방한 자리였다. 그쪽 지방신문인 쥬고꾸中國신문 서울 특파원을 했다는 이력은 알고 갔지만 의외였다. 그의 큰 몸짓은 정치가다웠다. 나에 대한 그쪽의 높은 관심을 읽을 수 있었고, 만나자는 이들이 많아졌다. 그가 뜻을 두었던 대구와의 자매결연은 내가 대구시의 국제교류담당 때 마무리한 일이었다. 귀국한 지 두 해 만에 그의 정치 발걸음 무게 한 줌 들어준 셈이었다.

두 여자가 달뜬 얼굴로 맞아주었다. 터를 잡은 지 달포쯤 지나 후지이 씨의 집에 초대받아 갔을 때였다. 거실 미닫이문 양쪽에서 노모와 아내가 다소곳이 앉은 채 인사를 했다. 예의 일본 여인이 하듯 접빈의 범절을 내보이려는 듯했다. 노모는 어릴 때 공장에서 일하던 조선 사람이 많았다는 말을 추억담처럼 이어갔다. 저녁을 거나하게 대접받은 날, ‘조선’이란 말에 붙은 그쪽의 내려다보는 시선도 삼켰다. 베풀며 으스대는 그가 보통내기는 아니라는 생각을 사뭇 했다.

나에 대한 그의 관심은 묘했다. 후견인처럼 생색을 내려 했다. 그걸 받아내는 일이 거북스럽고 편치 않았다. 나를 초청한 책임 의식인가 여기면 될 일이지만 뭔가 맞지 않은 흐름이 있었다. 그럼에도 그와 맺어진 시절 인연으로 생각했다. 사람 사귀는 재주가 남달랐고 주제넘는다고 해야 할 만큼 나서기 좋아했다. 퇴직 후에도 히로시마의 국제교류 책사라도 된 양 했다. 청소년 교류에도, 스포츠 교류에도, 예술단체 교류에도 얼굴을 내밀었다. 주위의 모난 말도 들렸으나 그쪽에서는 내버려 두는 모양새였다.

내가 만난 보통의 일본인과 그는 달랐다. 자기들끼리도 그를 유별나다고 한다. 매사에 넘치는 열정이 상대의 마음을 헤집는다. 한일 우호친선을 내세우지만, 그의 머릿속엔 일본이 늘 우위에 있어야 한다는 인식이 똬리 틀고 있다. 끊임없이 자료를 수집하고 메모를 한다. 그건 배울 만하다. 부지런하고 성실한 사람임엔 틀림없으나 아전인수식 해석을 하고 지적 허세를 부린다. 실없는 장기 훈수와 같은 언행이 잦았다. 그게 나와의 일에도 갈수록 부딪치는 티끌이 되어가고 있었다.

그가 묵고 있는 모 대학의 관사를 찾았다. 일본어 강사로 대구에 체재할 때였다. 너무 데면데면했나 싶어 저녁이나 하려 했다. 이전에 그가 한번 대구를 찾았을 때 나도 집으로 초청도 했지만, 이번엔 거리낌이 커질까 자주 대하지는 않았다. 일본어 가르친다고 했을 때 뜨악했다. 발음도 어눌한 편인데 어떻게 대학의 강사로 오게 되었는지 신통했다. 히로시마 대학에 교환교수로 갔던 그 대학의 교수를 통해 어찌 섭외가 되었다는 말을 전해 들었다. 서로 시답잖아질까 물어보지는 않았다. 로비에 능한 사람이란 걸 또 입증한 셈이었다. 명함엔 버젓이 초빙교수라고 써놓았다.

방에 들어서는데 대뜸 조선일보 사설에 왜 내용이 없느냐고 한다. 아닌 밤중에 홍두깨다. 종이 한 장 들고서 학생이 번역해줬다고 했다. 요미우리신문 사설은 뭔 내용이 있느냐며 내가 쏘아붙이면서 또 부딪쳤다. 학부 초년생이 사설에 실린 뜻의 함의와 의미를 다 헤아려 번역했을까. 그 저돌적 자만에 울컥했다.

"후지이 씨가 한국어를 깨우치면 깊은 뜻이 보이는 거요."

"일본말로 가는 곳마다 통하니 꼭 배워야 할 일이 없잖소. 처음엔 배워보려 했지만." 내 입에 재갈을 물리는 한 칼이었다. 우라질 놈의 사실이 그랬다.

그날 본 그의 거처는 말하자면 꼴불견이었다. 뒹구는 책, 널브러진 옷가지, 구겨진 종이, 버린 휴지와 쌓인 음식으로 숫제 쓰레기 더미였다. 어떻게 잠을 잘까 싶었다. 그의 전혀 다른 얼굴에 당혹스러웠다. 청결하다는 일본인의 좋은 인상 하나 흔들린 날이었다. 서로 안지 이십 년이 넘어도 한국어 인사말 하나 제대로 못 하고, 남의 시설을 그렇게 험하게 대하는 심성으로 친선을 노래처럼 입에 담는다. 허당 같은 인물을 그래도 잡으려는 내가 흔들렸고, 그에게 열린 문이 닫혀 가고 있었다.

밥상 받아놓고 시끄러워졌다. 반일 시위 장면을 연이어 내보는 뉴스 때문이다. 간헐온천처럼 도지는 그쪽의 위안부와 독도 발언으로 또다시 갈등이 촉발된 터였다. 대구의 한일친선협회에서 '대구국제음식박람회'에 참가한 히로시마 사람들을 초청한 저녁 자리였다. 대구에서 돌아간 후 두 해 만에 보는 그의 얼굴도 끼었다. 거북스러운 말은 숨겨야 할 분위기였건만 그는 거침없었다. 일장기와 총리의 사진을 왜 불태우느냐며 떠들었다.

잘못은 그쪽이 먼저 아니냐며 이쪽 한 분이 못 참아 했다. 다시 베트남 전쟁에서 숱한 여자를 범한 한국군은 뭐가 다르냐고 한다. 동석한 그쪽의 둘 여자가 민망해한다. 히로시마에서 만난 적 있는 구면이다. 참으로 편치 않았다. 모두 친선이라는 허울을 쓰고 앉아 있었다.

히로시마에서 그는 한국 전문가요 대구 전문가로 통한다. 센 입심이 그리 믿게 한 모양이었다. 그는 샌드위치론에 심취했다. 중국과 일본에 낀 한국의 처지를 무슨 학설처럼 내세웠다. 나름의 기록과 귀동냥으로 습득한 얕은 지식을 포장하는 술수에 능하다. 우리 쪽에 관한 그의 식견과 자료는 정확하지도 옳지도 않았다. 그의 이런 말이 그쪽 사람에게 전달되는 일이 더 염려스러웠다.

제대로 알도록 하지 못한 내 몫의 책임도 느낀다. 그가 한국어를 익힐 마음이 없고, 논리적 언사로 그를 설득하기엔 나의 그쪽 말도 짧았으니 어쩌랴. 어쩌면 애초에 우리 쪽 말을 받아들일 뜻이 없는 그를 내가 못 알아본 것인지도 모른다. 일제 때 정탐에 앞장서던 사람이 이랬을까 싶을 때도 있었다. 그는 친선에 칼을 숨겨 정탐하려 했고, 나는 연수란 이름으로도 그쪽의 칼집만 더듬은 것인가도 싶다.

'팔공회八公會' 사람들이 눈에 아롱진다. 국제음식박람회 때 말 싸움터에 있었던 한 여성으로부터 편지를 받고서다. 팔공산 이름을 딴 히로시마의 한 여성 모임의 회원이다. 후지이 씨와는 뜻이 다르니 마음 두지 말라는 미안스러움을 적어 놓았다. 자매결연 말이 나오고부터 대구 알기에 나선 아줌마 부대다. 히로시마에 머물 때 함께한 저녁 자리에서 많은 걸 묻기도 하며 관심이 컸다. 한식을 만들기도, 역사 공부를 한다고도 했다. 질문에 내가 답을 못할 정도였다. 대구의 '구' 자가 원래 丘인데 조선 시대 때 공자의 이름과 같다고 해서 邱로 바꾸었다는 것도 알고 있었다. 아연했다. 대구의 보육원, 어린이집도 찾기도 하며 여성 교류에 분주했다.

돌아갈 때는 꼭 경주의 나자레원을 찾는다. 일제 때 한국인 남편과 살다가 돌아가지 못한 일본 여성 보호 시설이다. 남편을 일찍 보냈거나 버림받은 할머니들이 집단으로 외로운 여생을 보낸다. 삼십여 명 되었다는데 고령이라 해마다 준다고 했다. 나자레원 이야기를 할 때면 늘 눈물짓곤 했다. 나보다 서너 살 위가 많았으니 세월에 곰삭았는지 연락도 뜸하다. 밤늦게 전화로 지금 뭐 하냐고 싱겁떨던 한 회원의 말이 더 터놓자는 것인데 흘려들은 게 지금 아쉽다.

오오타太田 강에 이우는 달빛이 차갑게 부서지고 있었다. 십일월 말의 귀국 전날, 원폭에 희생된 이 만여 한국인의 위령비는 가랑잎 쓸리는 강둑에서 외로웠다. 늦은 밤 꽃다발 바치며 작별 인사를 드렸다. 지나칠 때면 고개를 숙이곤 했다. 강 건너 지척인 전몰자 추모공원인 평화기념공원 안으로 이전하는 것이 교포사회의 숙원 사업이었다. 하지만 비의 문안을 두고서 민단과 조총련의 의견이 달랐다. 다툼의 골이 깊었다. 히로시마시는 등거리 외교라는 말 뒤에 숨어 즐기는 듯 어정쩡했다. 그때 법적으론 일본제국의 같은 신민이었으니 그들의 위령비에 한국인 희생자도 함께 추모하고 있다는 논리였다. 이전에 나설 뜻이 없었다.

애태우던 몇 분 교포들의 얼굴이 떠오른다. 가라오케에서 흘러간 우리 가락을 함께 읊어대기도 하며 정이 쌓였다. 공무로 파견 나온 작은 자리의 나에 대해 과분한 관심을 보내주었다. 빈손의 내가 허하고 미안했다. 찾아뵈었건만 귀국 날 아침 민단의 간부 한 분은 집에까지 다시 찾아와 섭섭해했다. 내 손을 한참이나 잡았다. 위령비 이전은 그 후 자매결연의 한 전제로 히로시마 측에 내걸었다. 정부 차원에서도 문제가 되어 온 일이었다. 외교적 현안에 지방자치단체는 나서지 말라는 외교부의 의견은 얌전하기만 했다. 눈감고 밀어붙였다. 나는 그래야 할 것 같았다. 위층의 뜻도 섰다.

히로시마 쪽이 무척 어려워했다. 한참이나 몸살을 앓더니 비의 이전에 나서겠다는 답을 보내왔다. 우여곡절 끝에 한국인 위령비는 자매결연 몇 년 후에 평화공원 안으로 옮겨졌다. 소식을 듣던 날, 비록 자리를 떠나있었지만 그날 밤 오오타太田 강기슭의 위령비가 내 가슴에 아물댔다.

날이 밝아지면서 호텔 로비가 활기를 띤다. 옆자리엔 대구유네스코 관계자도 나와 있었다. 아침에 팔공산으로 송이 먹으러 간다고 했다. '이 철에 참 별짓 하네.' 당신들이 일본 갔을 때 호텔 밖에서 아침 대접받은 일 있느냐고 물어보고 싶었다. 이런 내 심사도 모르고 후지 씨는 대구유네스코 회원 될 뜻이 없느냐고 묻는다. 시간을 다시 이어보자는 말로 들렸다. 하던 모임도 줄인다고 했다. 친선교류는 그에겐 놀이였다. 여행 일정표를 내밀며 이번에 자기를 만나러 온 지인 이름을 거명한다. 나도 아는 이가 끼였다. 맹하게도 일본 사람에게 턱없이 호의를 잘 베푸는 이다. 또 과하게 선물을 안겨주었으리라. 그게 자기의 얼굴 돋보이는 일로 여긴다. 그런 사람이 많다. 그가 귀국할 때면 가득 찬 가방엔 우리의 허세와 엉성함과 비굴함이 묻어 딸려갔다.

옆집처럼 지척인 두 나라 사이다. 어찌 싸움이 없을 수 있겠는가. 하지만 우리는 아예 문을 걸어 잠그려 작정한 표정이다. 이기려 하기보다 답이 아닌 길에서 맴돈다. 감성적 삿대질에 지일의 차가운 이성마저 설 자리를 잃는다. 제대로 따지지도 않고 정치의 깃발부터 내건다. 아무리 해도 상대는 꿈적도 안 할 기세다. 땅도 인구도 우리의 곱을 넘는 것이 이웃의 실체다. 그쪽의 역사 한 줄 읽어내지 않고 고함만 치는 건 이불 뒤집어쓰고 눈 부라리는 것만 같다.

그러면서도, 그렇게 하면서도 또 하나의 기이한 얼굴을 한다. 개인적 관계의 일본이 되면 들었던 깃발도, 핏발선 삿대질도 내리고 고분고분 마음 쓴다. 연극을 하는 것처럼 태연하다. 실없는 환심의 미소를 흘린다. 진정 맞설 결기가 있기는 한가 싶다. 우리의 외국인 혐오증이 심하다는 우려는 일본인에게는 아닌 모양이다. 적개심을 품으면서도 관대한 이 기이함이 혼란스럽다.

나는 김 한 봉지를, 그는 녹차 한 봉지를 들고 주고받았다. 기울어진 선물은 아니었는지 셈을 해본다. 적어도 그와의 계산엔 이건 치사한 일이 아니다. 안심이 된다. 내 수필집을 한 권 내밀면서 한국어 다시 배울 뜻이 없느냐고 했다. 내 일본말로 할 수 없는 말을 여기에 써 놓았다고 했다. 예상 못 한 일이라는 듯 겸연쩍게 웃는다. 대마도도 우리 땅이라 적어놓았다.

한참이나 이불을 뒤집어쓰고 있던 내가 눈을 밖으로 내었다. 악수를 했다. 'ㄱ과 あ' 두 손바닥 틈새에 골이 여전하다. 메워질 리는 없지만 어쩔 수 없이 또 만나야 할 사람이다. 벙어리 입으로도 나와 이쪽을 진정 보았는지 답을 듣고 싶다.

(2017. 11.)

섬망譫妄의 낮

웬 사람이 이렇게 많을까. 각자 갈 곳 따라 흘러드는 일이련만, 대학병원 진료 대기실에 진을 친 얼굴들은 또 다른 세상의 사람이었다. 예약 시간을 한참 넘기고서야 의사와 마주했다. 다시 이쪽 병원에 입원하라는 몇 마디 짧은 소견에 어머니의 행로에 대한 판단은 내게로 넘어왔다. 목에 차올랐던 의문은 그대로인데 다음 차례의 환자 호명이 기계음처럼 울렸다.

지난해 늦가을이었다. 저녁에 배가 아프다는 어머니 연락받고 급히 갔더니 불도 끈 채 거실에 누워 계셨다. 경로당에서 갑자기 배가 아파졌다고 했다. 그 이후 어머니의 의식은 지금까지 혼미한 채다. 대기실 의자에 다시 멍청히 앉았다. 그 후의 진료 과정을 복기해보지만 달리 어떻게 해볼 수 없는 답답함만 가슴을 채운다. 의사의 말을 알아들을 귀가 없으니 어찌할지 생각도 못 해낸다.

아파 누운 지 이틀 후 대학병원 응급실에 실려 간 건 토요일 밤이었다. 부산한 검진 후에 복수가 차 있다고 했고, 링거를 달아 누이고는 워낙 노령이라 전문의가 출근하는 월요일에 치료방법이 정해진다는 말을 했다. 다급하진 않다는 표정이었다. 그런데 밤중에 수술을 해버렸으니 당혹스러웠다. 알아듣게 설명해주는 일도, 따져 물을 틈새도 없었다. 옆을 지킨 가족은 얼떨결에 바라보기만 했다.

월요일 아침, 담당 의사의 입만 기다렸다. 쓸개에서 담즙이 흘러나가는 곳에 돌이 생겨 터졌고, 관으로 담즙을 몸 밖으로 빼내는 시술을 했다고만 했다. 돌 꺼내는 수술을 별도로 받아야 하는데 전신 마취를 견디지 못할 노인이라 어렵다고 했다. 내내 관을 달고 살아야 한다는 말을 덧붙였다. 굳이 수술하려면 입원하여 장기간 체력을 살펴보아야 할 일이라며 확답을 피했다. 치료가 어렵다는 걸 알면서도 칼부터 대어놓고는 구십 노인에게 관을 달고 살아야 한다니…. 의료의 말인지, 의료 영업의 말인지 분별이 모호했다. 그건 관을 넣기 전에 보호자에게 해주었어야 마땅할 말 아니던가. 병원 복도에 크게 내걸린 히포크라테스의 말은 병원이 해석하기 나름인 모양이다.

며칠의 숨 막혔던 응급실에서 용케도 입원실로 옮겼다. 불과 이틀 뒤, 완치를 기대할 수 없는 기약 없는 시간만 마주해 있다는 걸 미련스럽게 알게 되었다. 고맙게도 나라가 퍼주듯이 보태주는 보조금에 홀려 여기저기 생겨났다는 한 요양병원으로 옮겼다. 시술의 고통을 몸에 단 채였다.

담즙이 며칠 전부터 또 나오지 않았다. 관을 떼도 되겠다는 요양병원 의사가 시술을 한 대학병원 쪽의 의견을 들어보라고 해서 면담한 터였다. 조금 전 관을 떼면 안 된다고 했다. 이미 한 차례 막혀 이쪽으로 이송되어 재시술을 받은 터였다. 관을 없애도 되겠다는 쪽과 안 된다는 쪽 두 의사의 말을 풀어볼 재주가 없었다. 수수께끼 같았다. 고작 그대로 보고 있기로 한 것이 내가 생각해낸 방책이었다. 내가 노모 하나 어찌해볼 대책 없는 사람임을 씁쓸하게 확인하고 있었다. 들것에 실린 한 환자가 퀭한 눈으로 날 힐끗거리며 지나간다.

수수께끼는 어머니 스스로 풀었다. 집에 가자며 거칠게 보채며 설쳐대던 날 밤에 당신의 손으로 관을 뽑아버린 것이다. 그러고는 시치미 떼듯 눈만 감고 있었다. 실없이 이어지는 명의 괴로움을 벗어나려 쓸개를 통째로 감추어버린 건가도 싶었다. 아무 일도 일어나지 않았다. 요양병원은 뒤 자국을 소독만 하고 그냥 두어도 괜찮겠다고 했다. 도무지 알 수 없는 일이었다. 관을 떼면 큰일 날 것처럼 했던 대학병원의 의사를 노모의 손기술 한 수가 밀쳐냈다. 당신은 두어 해 전부터 말이 어둔하고 기억력이 떨어져 갔는데 병원에 들어와 더 심해졌다. 현재와 과거의 일을 혼동하고, 시간도 장소도 뒤섞이며 횡설수설했다. 섬망譫妄이라 했다. 링거며 몸에 붙은 줄로 새끼줄 꼰다며 버둥댔고, 침대 시트를 움켜잡고는 생일 미역 씻는다며 우겨대기도 했다.

처음엔 내 집에서 가까운 대구의료원을 먼저 찾았었다. 간병하기 쉬울 것 같아서였다. 야간 당직 의사는 큰 병원으로 가라고 하면서도 치료가 어려울 거라는 말을 에둘러 했다. 그 말도 새겨듣지 않았다. 구십 노인을 병원 응급실로 왜 데려가느냐는 주변의 말이 나중에 따가웠다. 결정은 쉬운 일이 아니었다. 아프기 시작한 다음 날부터 음식을 넘기지 못했다. 배가 조금씩 불러왔지만 갈수록 통증도 느끼지 못하는 것 같았다. 당신의 마감을 예감하는 듯도 했다. 곡기를 끊으면 가신다는 어른들 말을 떠올리면서도 아둔하게 말리고 말았다.

끝내 어머니는 요양병원의 밥벌이를 위한 밥으로 숨을 붙잡고 있다. 이전엔 이따금 들려왔던, 집으로 편안히 모시라는 병원의 말문은 어디에서도 닫혀 있었다. 그사이 이 둥근 땅은 하늘의 불덩어리를 한 바퀴도 더 돌며 오늘도 일몰의 붉은 해거름이 되었건만, 어머니의 타고났을 일몰은 의술에 잡혀 애가 탄다. 살 만큼 살다 가는 죽음, 자연사란 말은 인간에겐 없어지는 언어가 되어가고 있다.

이걸 모두가 복지라 외쳐대지만, 나라도, 병원도, 사람도 모두 섬망에 빠진 낯으로 횡설수설하며 사는 것인가 싶다.

(2016. 9.)

휴전선의 봄, 그 고무줄놀이

무엇보다 내 밥그릇 길이 걱정된다. 예단할 수 없는 일로 가슴이 두근댄다. 힘 겨루는 장수처럼 마주한 두 집, 그 한집의 대문을 나올 젊은 사내를 기다린다. 온 세상의 눈이, 유리눈알이 각자의 셈법으로 번득인다. 사월의 봄이 휴전선에 내리쏟아졌다. 낯선 산야의 물오른 신록과 꽃잎이 다른 땅이 아님을 저릿하게 일깨운다. 그 전쟁의 상흔에 몸부림치던 시절, 배고파 진달래 꽃잎을 따먹던 날의 헐벗은 산비탈이 겹쳐 떠오른다.

두 사내가 손을 잡았다. 휴전선, 아무것도 아니어야 할 그 경계선을 사이에 두고서다. 남으로 넘어온 북의 사내는 다시 남의 사내와 둘이서 북으로 넘어갔다가 또다시 남으로 손잡고 넘어왔다. 순간에 오갔다. 오십 센티, 걸음 한 폭 넓이를 뒤뚱대듯 넘나드는 두 사내의 몸짓에 환호와 폭소가 터졌다. 연이어 탄식했다. 나는 심호흡을 해야 했다. 그 눈들은 세기의 사건이라 적으며 말 잔치를 벌였다.

도보다리라 했다. 푸른 단장을 하고 봄 하늘을 가르고 있었다. 그 사내들이 걷는다. 천상의 외딴 길인 양 길게 느껴진다. 무언가 말을 하는데 알아들을 수가 없다. 내가 꿈을 꾸고 있는 걸까. 엄청난 일이니 이건 틀림없이 춘몽이다. 몽롱하게 하늘에서 계집애들의 노랫가락이 들린다.

고향 땅이 여기서 얼마나 되나
푸른 하늘 끝닿은 저기가 거긴가
아카시아 흰 꽃이 바람에 날리니
고향에도 지금쯤 뻐꾹새 울겠네

어디선가 보았던 일이라 여기며 골똘했는데, 그렇다. 그건 고무줄놀이요, 그 노래였다. 고샅길에서, 학교 운동장 귀퉁이에서 발장단에 맞추어 흘러나오던 노래였다. 오늘 사내 둘이서 고무줄놀이를 했다. 휴전선에서. 맞아, 넘나들며 뒤뚱대는 율동이 그랬다. 내 어릴 적 또래들과 고무줄을 끊어먹으면서 한창인 놀이판을 깨는 심술을 부렸지. 계집애들은 "야 이 종내기야." 하며 욕을 퍼부었어. 그때 참 재미있었거든. 일에 구분 없다더니 이제 남정네가 이것도 다 하네.

사내 둘은 하늘길 끝 봄꽃 병풍 앞에 마주 앉았다. 아지랑이인 듯

바람이 무성영화의 알 수 없는 자막처럼 흔들린다. 온 눈들이 불을 켜고 두 사내의 입만 바라본다. 도깨비가 붙어 앉아 흥얼대는 것만 같다. 온갖 예측과 상상이 봄 하늘을 떠돈다. 초병처럼 옆에 서 있던 휴전선 표지판이 냅다 고함을 지른다. 낮말은 새가 듣고 밤말은 쥐가 듣는다 했소. 내 비록 늙어 녹이 슬었어도 입은 살아 있소. 내가 변사 노릇하리다.

南이요. / 누가 우릴 보고 고무줄놀이한다고 하는 것 같았는데 북에도 이런 놀이 있는가요. 내 어릴 땐 여자애들 놀 거리가 그런 것밖에 없었소.

北이요. / 내래 안 해봤지만 말은 들었수다. 우리끼리 피 터지게 싸우다가 같이 못살 때였으니 비슷하갔디오. 내가 계집애 놀이했다니 좀 넘세시럽습메. 내래 농구 좋아하디요. 철천지원수 미국 놈이지만 그래도 좋아하는 선수 하나 평양에 두어 번 불렀수다. 찾아올 사람도 없고 해서리.

南이요. / 우리 이제 철조망 걷어치우고 고무줄놀이하는 세상 만들지 않겠소. 터놓고 이야기합시다. 핵 내어놓으시오. 핵 무력 완성했다는 거 나 인정하겠소. 그런데 북은 끝까지 지킬 힘 안 되오. 그게 코 큰 친구 때문만이 아니요. 중국, 일본, 러시아놈 같은 패거리요. 언제든지 고무줄 끊어먹을 종내기들이오. 지금껏 그래왔잖소. 저 철조망 보시오.

北이요. / 내래 지금 고민 많수다. 우리 인민이 배가 고파 핵 버리겠다고 말은 했슴메. 남조선은 겨누지 안캈시요. 주머니 좀 푸시라우. 미국놈하고 수틀리면 다시 엎어버리갔수. 그땐 남이 어떻게 된다는 거 알잖수.

南이요. / 그건 우리 같이 끝장나는 일이요. 내 한 가지 제안하겠소. 북은 나이가 있지 않소. 나처럼 물러날 일도 없잖소. 후일을 기약하시오. 우선 핵 내려놓으시오. 핵 개발 인력도 묶으려 한다는데 그 사람들 남으로 숨기시오. 핵심만 삼천 명은 된다는데 내가 신분 보장하겠소이다.

北이요. / 수 쓰지 마시라우요. 전쟁 겁나면 밥 내놓으라우. 다른 말은 안캈시요. 아까부터 중국, 일본 아이들에게 신경 쓰는데 줏대머리 없수다. 내래 중국 속셈 다 읽고 있디요. 남쪽처럼 꼼짝 못 하고 당하진 안 함메. 납치해온 일본사람 없다고 하시라우요. 일제 때 잡혀가 안 돌아온 우리 사람 셀 수도 없잖수. 그리고 남쪽은 왜 위안부를 그렇게나 우려 묵슴네까. 내래 동상 좋아하지만 남의 집 대문 앞에서까지 치사하게는 안 하우다. 인간의 전쟁은 원래 그런 거디요. 왜 임진왜란 때 일은 들먹이지 않수.

南이요. / 나 중국, 일본 아이들 사실 버거워요. 가끔은 광개토대왕이, 안시성의 양만춘이 그립소. 우리 귓속말로 합시다. 새가 듣소.

그 핵을 대륙 쪽에 겨누어보려 사람 숨기라 한 거요. 오천 년 동안 당해 왔잖소. 일본은 찰거머리 같소.

北이요. / 임자도 그리 생각함네. 이심전심이우다. 말로써 말이 많아 갈가리 갈라진 남쪽 힘으로 어디 그놈들에게 대들 수 있갔소. 나처럼 헛소리도 한번 못 해 놓고시리.

南이요. / 인권 떠드는 입이 많아 어쩔 수 없소. 고사포를 쏘고 독극물을 바르는 건 너무 심했소. 그것 때문에 고무줄놀이도 더 어려워질 뻔했잖소.

北이요. / 반공화국 분자는 즉결 처분이우다. 내래 마음대로디요. 남쪽도 나보다 나을 거 없수다. 임자 눈치만 보는 법, 그 법 마음대로니 법 없는 거 아니갔소. 다 가두었잖수. 내래 걱정하는 건 그 간나 종내기들이 고무줄 끊어먹을까 싶수. 살살 하시라우요. 고무줄노래처럼 그리워만 하지 말고 서로 고향에 왔다 갔다 해야 안캈소.

숲에서인지 새소리가 들린다. 이 숨 막히는 영화의 배경음악인가. 고향 산허리 보리밭에 누워 듣던 소리도 이랬다. 이어진 산하인데 왜 같지 않으랴. 문득 종달새 날갯짓이 떠오른다. 까마득한 창공에 올라 파닥이며 지저귀는 소리, 노고지리라고 했지. 나는 어릴 때 종달새를 보며 하늘을 나르고 싶어 했다. 그리고 꿈을 꾸었다. 두 사내가 자리를 털고 걸어 나온다. 봄바람이 따라가며 일렁댄다.

푸른 도보다리에 하늘이 내려앉았다. 이 길을 얼마나 많은 사람이 오갔을까. 반도의 허리길 아닌가. 수많은 말발굽이 먼지를 일으켰고, 남부여대한 민초들의 걸음이 질경이처럼 휘감겨진 길이다. 두 사내는 무슨 꿈을 꾸었을까. 다시 언덕을 넘어갔다. 김구 선생도 이 길을 걸었으리라. 저 북쪽 사내의 조부를 만나러 올라갔던 길 아닌가. 갈라지지 말자고 절규하며 올랐던 길이다. 텅 빈 길, 끊어진 길 위에 선생의 말이 울린다.

> 오늘 기쁘구나. 참 잘하는 일이다. 원수라도 만나야 일이 풀리는 거란다. 큰일 앞에 걱정도 많겠구나. 응원하마. 나는 경교장에서 총탄에 쓰러졌지만 이제 누구도 원망하지 않아. 방법이 달랐지만 모두 통일된 나라를 바란 일이었던 거야. 그 젊은 사내의 할아비 욕심을 내가 일찍 알아채지 못했어. 그게 사달의 시작이었지. 이승만 원망하지 말어. 그도 어쩔 수 없는 선택이었어. 남북이 각자 살림을 차린 1948년, 나는 내내 울고 다녔어. 가슴 아픈 일이었어. 지금도 보아하니 말 붙이기가 쉬운 일은 아니야. 잘 해봐. 호들갑은 떨지 말고, 큰일 나.

대반전이라 했다. 모두 그렇게 썼다. 올림픽을 못 할까 싶도록 전쟁의 붉은 혀가 날름댔다. 몇 달 전을 옛일처럼 여기며 북쪽 젊은 사내의 통 큰 결단이라 치켜세운다. 들떠 웃는데 따라 웃다가도 멈칫

한다. 대동강 부벽루에 올라 잔 잡아볼 날 있으려나 싶다가도 고개를 흔든다. 좋은 꿈에 뒤섞인 혼미한 꿈을 꾸다 깨버린 밤의 적막 같은 날이 길다.

문득 칼 마르크스의 말이 스멀댄다. "지금까지 모든 사회의 역사는 계급투쟁의 역사다." 인간 세상의 본질을 이토록 꿰뚫은 명제가 있었던가. 계급투쟁은 바로 부의 분배를 둘러싼 싸움이다. 역사의 흐름이 그래왔다. 시끄럽기만 한 남쪽은 몫을 가르려다 부를 흩기만 하고, 핵 가진 북쪽은 배고프다고 한다. 거짓처럼 바뀐 북의 얼굴이 참이라 해도 우리 살림이 감내할 수 있을 것인가. 내 밥그릇도 어찌 될지 알 수 없다고 말해야 할 때가 올까 걱정이다. 그러나 마다할 수 있을까, 이 길을.

길은 아직 멀다. 큰 밥주걱 든 자가 많아 안개 속이다. 신명 나는 덩더꿍 춤을 추어댈지, 아니면 멍만 든 가슴을 다시 싸매야 할지도 모른다. 그래도 고무줄놀이는 해야 하지 않겠는가. 모두 노래를 부르자. 대성동 사는 화동의 얼굴에 웃음을 앗아가는 일은 없어야 하지 않겠는가. 위원장 동지, 봄날이 간다.

(≪수필과비평≫, 2018. 6.)

내 것과 네 것

식당에도 꽃집에도 손님이 뜸해졌다. 마트의 선물 세트 매대도 매기가 떨어졌다고 아우성친다. 팔릴 물건으로 당장 메뉴나 상품을 바꾸는 일도 쉽지 않다고 한다. 주고받은 선물로 잡혀가기라도 할까 모두 사스 같은 역병이라도 만난 듯 몸을 사리며 유난을 떤다. 일상을 젓가락으로 휘저어놓은 것 같다.

김영란법을 만들었을 때 이미 예견된 일이 아니었던가. 말도 많았고 부작용을 우려하는 목소리에 힘이 실리기도 했다. 부정 청탁과 접대, 체면치레, 뇌물의 관행, 이를 고치지 않고는 더는 나아가기 어렵다는 건 모두 알아챈 지 오래다. 그럼에도 긴 세월, 넝쿨처럼 서로 감긴 타래를 풀어헤친다는 건 어려운 일이었다. 위 계층부터 부리던 수족이 떨어지는 양 불편해했으리라. 공공부문도 아닌 민간의 일까지 묶어 규제하는 것은 인권 침해 아니냐는 볼멘소리도 나왔다.

백수건달의 내가 왜 이리 마음 쓸까 싶다. 밥 사줄 일도 얻어먹을 일도 없는데. 관행이란 올가미에 속절없이 앓았던 상흔이 지워지지 않아서이리라. 얇은 월급봉투에 바람 불듯 닥치는 경조사 연락은 숫제 강도였다. 그런 쪽에 얼굴 내고 웃는 일에 나는 젬병이었다. 체면을 세우는 쓰임새에 융통성이 없는 내 솜씨를 책하며 자주 조바심을 내야 했다. 일 아닌 것으로 일하기가 어려웠던 시절이었다.

너도나도 이 법이 생겨난 일에서 끝내 자유롭지 못하다. 서로 네 것도 내 것으로 여기는 세상 물정이 그리 만들었던 것이라며 애써 얼굴을 가리려고만 했다. 서정쇄신이란 말이 수도 없이 내걸렸지만 소낙비였다. 하여 이번만은 한차례 소란스럽다가 마는 그런 일이 안 되기를 간절히 바란다.

문을 닫거나 전업을 해야 할 판이라고 술렁댄다. 엄살기도 보이지만 난감해하는 이들에게 누구도 답을 해줄 수 없다. 그래도 바뀌어야 한다는 게 오늘 민심이다. 매출 부진으로 서민 가계며 우리 경제에 미치는 영향이 수조 원에 달할 것이라는 우려가 있음에도 그렇다. 그것은 병이었다. 병인 줄도 모르고, 아니면 짐짓 병 아닌 체하며 서로 전염시켜 온 고질의 역병이었다. 고칠 수도 없으니 한때는 필요악이라는 말로 안 아픈 체 위장도 했다. 독버섯 포자 날리듯 퍼져나간 병마에 어찌 나는 아니었다며 나설 수 있으랴.

문자가 들어온다. 문인단체에서 보낸 한 회원의 장모상 알림이다. 면이야 있지만 말 터놓고 나누어 본 적 없는 사람의 일이다. 이 시기에 이런 연락을 무더기로 해오다니. 화환과 문상객의 수로 체면을 셈하는 병을 문학의 길을 걷는 이도 내치지 못한다. 숱한 논란을 만들고 있는 우리의 경조사 관행에 대해 바른 입을 벼려야 하는 입장의 편에 글쟁이가 서 있는 것 아닌가. 글을 쓰는지, 쓰는 체하는 건지 여기에 대해 무디다.

터놓은 인간적 정분의 골이 깊다면 그리 문제 될 것이 있겠는가. 얼굴이야 알지만 스쳐 지날 정도의 사이이거나, 그냥 같은 단체의 회원이라 해서 받는 알림은 곤혹스럽다. 더구나 부음의 경우는 더 그렇다. 생을 끝맺음하는 한 인간의 명복을 비는 마음보다 짜증스러움이 먼저니 이게 할 일이 아니지 않은가. 고인에게 미안스러운 일이다. 떠벌리지 않고 아는 사람끼리 조용하게 연락할 수는 없을까. 집단 연락은 문학의 입으로 할 일은 단연코 아니다. 나는 어지간히 울림이 있는 사이가 아니면 단지 글쓰기의 면식만으로 알림에 응하지 않는다. 글 쓰는 이유에 한 가지라도 맞추며 살고 싶어서다. 너만 글 쓰느냐는 말을 들어도 좋다. 백수 주머니의 자유로움을 훼방 받고 싶지 않아서이기도 하다.

모임에서 찻값 내는 일, 밥값 계산하는 일이 여전히 불편하다. 각자 제 것 내고 말면 편해질 일인데 그것이 안 된다. 계산대 앞에서 서부영화 총잡이처럼 지갑 빼 들고 가식의 낯으로 여전히 다툰다. '더치페이'가 합리적이라 하면서도 여태 주고받은 얼굴에 매여 어른들은 더 빠져나오지 못한다.

김영란법이 이 얽힌 세파를 이겨낼 것인가. 민심의 바람이 큼에도 반신반의다. 돈과 권력이 묶인 대형 오직 사건으로 날마다 시끄러우니 법 하나로 쉬 바뀔까 싶어서다. 이 병은 고쳐줄 의사가 없는 한 사람 한 사람 자가 치유의 병이다. 이 틈새에도 치료에 한몫 거들겠다며 돌팔이가 나섰다. 신고 보상금에 목말라 버마재비처럼 스멀거리는 '파파라치'라는 작자들이다. 돌팔이의 삿대질에 더 위축되는 세풍이 민망스럽고, 그쪽 손을 빌려서라도 맑은 세상의 기대를 걸어보고 싶은 일이 허접스럽다.

팔리지 않아 화원에서 그대로 쓰레기로 버려진 꽃 더미가 비를 맞고 있다. 고질병을 고치려다 꽃에 담겨 보내질 수많은 서민의 소박한 마음마저 한 묶음으로 버려진 것 같아 안쓰럽다. 그래도 버릴 꽃은 꽃이라도 버려야 할 때다. 모두 욕심을 비워내지 못해 당하는 고통이다. 내 것과 네 것의 일을 분별하며 살면 나을 병이다.

(2016. 9.)

중국말 중국 처녀

앉고 보니 내 옆과 맞은편에 웬 젊은 처녀들일까 싶었다. 경로석을 기웃거리다 엉거주춤 서 있는 노인들의 눈치도 아랑곳없다. 휴대폰에 눈을 박고 웃어대며 흘리는 말이 다르다. 옆을 곁눈질하니 중국어다. 눈에 익은 몇 글자를 새겨보려 애쓰는데 깨알처럼 박힌 글에다 손가락을 튕겨대며 넘긴다. 다 알고서 그럴까 싶어 신통하기까지 하다.

만리장성 바다링八達嶺에 처음 올랐을 때다. 장성의 구간 중에도 경관이 으뜸이라 했다.1990년대 초엽이었으니 지금처럼 붐비지는 않았다. 유장한 성곽에 내려앉은 햇살과 바람은 한 줄 목가의 시로 일렁였다. 때마침 시월 초의 건국절에 자금성과 천안문 광장에 밀려든 인파의 틈새에서 빠져나온 터라 더 시골을 찾은 듯했다. 성벽에 기댄 채 북쪽 몽골 쪽의 아스라한 곳을 바라볼 때였다. 산 아래에서 울려오는 음악과도 같은 리듬에 귀가 쏠렸다. 관광 안내방송의 여자 목소리였다. 가을바람에 실린 소리의 울림은 성곽을 타고 흐르며 메아리처럼 내 가슴에 부딪혔다. 그 소리 가락은 내게 중국어를 더 깊게 각인시킨 일이 되었다. 노래처럼 따라 부르고 싶었으니까.

개혁개방의 바람으로 들뜬 대륙이었다. 마치 새마을운동이 시동을 걸던 때의 우리 같았다. 대구시와 두 해 전에 자매결연을 한 칭다오시에 도착한 것은 어둠이 내릴 때였다. 두 번째 방문지였다. 비행기 안엔 파리가 같이 날고 있었고 기내 서비스라는 개념도 없는 듯 칙칙했다. 자매도시에서 온 방문단에는 무척 마음을 쓴 모양새였다. 공항 출구에서 예의 붉은 글씨로 "热烈欢迎大邱市的访问团(대구시 방문단을 열렬히 환영합니다.)" 이라 쓴 큼직한 횡단막이 우리를 맞이했다. 붉은 꽃까지 흔들며 박수를 쳐대는 사람들은 시청 직원이라 했다. 성대한 만찬까지 대접받았다. 생각 못 한 일이라 일행 모두 벙벙해졌다. 체제가 다른 그 사람들의 인사법이라 이내 알아차리면서도 사또 행차라도 된 양 으쓱해지기도 했다.

한국을 배우자는 것이 그 시절 공산당의 방침이라 했다. 그 말을 듣고서야 환대의 속내가 와 닿았다. 우리는 뭔가 배우고 얻어내야 할 상대였다. 엉성하고 느릿하게도 보였지만 낯선 물건을 탐할 때의 눈빛이었다. 이튿날 아침 해변 산책길에서 마주친 한 처녀, 바다를 손짓하며 이쪽은 인천이고 저쪽은 제주도라며 나에게 호기심 어린 눈짓을 했던 표정이 지워지지 않는다. 한국에 가고 싶다고 했다. 뭉칫돈 벌이를 생각하는 눈치였다.

중국과 국교를 튼 건 시대의 진운이었다. 세계화란 물결을 타고 잠자는 듯 엎드렸던 중국이 기지개를 틀고 있었다. 중국말에 끌렸다. 대구시의 공무원교육원에서 교육과정 담당을 맡고 있었던 때라 내 자리의 힘을 부려 중국어 과정을 만들었다. 뜻밖에 희망자가 많았다. 초급과 중급과정을 연이어 이수하고는 내친김에 현지 연수란 이름으로 20여 명 수료생이 중국을 방문한 터였다.

만리장성에서, 칭다오 해변에서 내게 전달된 여자의 목소리 울림이 오래도록 귓전에 맴돌았다. 환영 만찬장에서 한마디씩 입을 연 어설픈 중국어에 밝아지던 칭다오 시청 사람들 표정에서도, 이어진 상하이와 항저우에서 만난 이들에게서도 꿈틀거리는 대륙의 말은 바다 밑 파도처럼 출렁댔다. 곳곳에 하품이라도 날 것 같은 사회주의의 한가함과 나태함 속에 묻힌 도광양회韜光養晦의 말 그것이었다.

처녀 혼자 거처하는 방에 불쑥 뒤따라 들어갔다. 무례한 일이었지만, 어떻게 해놓고 사는지도 궁금했다. 보호자라도 된 양 늘 그녀를 살펴야 했던 내 자릿값의 일이라 여겨 스스럼없이 대했다. 대구시에 파견된 칭다오시 여직원이었다. 국제교류담당이었던 내 업무 소관이었다. 장징張靜, 외자 이름에 늘씬하고 활달했다. 여군으로도 복무했고 한국어도 의사소통에 어려움이 없을 정도였다. 한국의 행정을 배워 칭다오 발전에 기여하고 싶다고 했다. 결기가 매웠다.

그녀를 바로 옆에다 두고 일했으니 내 중국어 인연도 이어졌다. 여기저기 자리의 높낮음 없이 끙끙대는 남정네들의 접근 낌새가 도둑 같았으니 탈 날까 마음 졸이기도 했다. 그날은 우리 집으로 불러 저녁 시간을 같이하고 집까지 바래다준 터였다. 캄캄한 골목과 원룸의 계단이 걱정스러워 방까지 데려다주고 돌아서는데 어머니가 보고 싶다며 어린애처럼 울먹한 얼굴을 했다. 썰렁한 빈방을 대하면서 가족이 생각난 모양이었다. 일요일이라 더 그랬을 터이다. 지난 시절 내 얼굴이 떠올랐다. 외국에 홀로 살아본 적 있는 사람이 마주하는 아릿함이었다.

자금성 태화전太和殿의 편액 글자를 쳐다본다. 옛 명나라, 청나라 왕들이 위세를 떨친 정전이다. 한 안내원이 내려쓴 '太和殿' 옆 여백의 작은 낯선 글자를 가리키며 만주어라고 한다. 자기도 만주족이라 했다. 말과 글이 없어져 아쉽다는 표정을 지었고 그때 억울한 것 같은 목소리도 내었던 것 같다. 대구에 앞서 개최한 '2001 베이징 유니버시아드 대회'를 참관하러 온 우리 대표단에 붙은 한국어 자원봉사 여학생 중 한 명이었다. 얼굴 생김새도 한족과는 좀 다르지 않으냐며 웃기도 하며 함께 나온 조선족 여학생과 더 친하다는 걸 내세우듯 했다. 모두 베이징 언어문화대학에 다닌다고 했다. 여물기엔 턱없는 한국말이었지만 같은 소수민족이라는 걸 내보이고 싶어 하는 눈치였다.

한족에 동화되어버린 만주족의 나라, 청나라의 흔적은 편액 귀퉁이의 작은 글자로 남아 있었다. 세종대왕의 한글 창제가 없었더라면 우린 어찌 되었을지 역사의 굽잇길, 이 조선 땅의 진운에 옷깃을 여몄다. 한국 유학이 꿈인데 모두 사전 구하기가 어렵다고 해 몇 권 사 보냈다. 메일로 고맙다며 말을 전해오기도 했다. 그 만주족 학생의 이름은 잊었지만 우리 선대와 대적했던 몽골, 거란, 돌궐, 말갈, 여진 등의 자취를 꼽아보며 새삼스레 어느 후예였는지 피의 흐름이 자못 궁금해진다. 화사한 웃음이 여린 꽃 같았다.

지금 마주 앉은 처녀들 얼굴 위로 옛 그 얼굴들이 겹쳐진다. 몇 정거장 전 대학 지하철역에서 탄 유학생들이라 했다. 경로석의 의미를 알만도 하련만 뭉개듯 태연한 것도 불편하고, 쉼 없이 내뱉는 말도 거슬린다. 음악 같다고도 했던 나였는데 싫었다. 첫 중국 견문록에서 '이놈의 중국어 삼 년 뒤에 보자.' 했던 결기도, 나중에 만나면 중국어로 말 나누자며 칭다오시청 처녀에게 했던 다짐도 지키지 못한 채 이따금 이렇게 중국말을 대하며 상념에 잠긴다.

그 처녀들은 아직 한국을 동경하는 눈망울을 가지고 있으려는가. 날로 더 크게 눈을 부릅뜨며 입이 험해지는 중화인민공화국, 그 말이 이제 음악이 아닌 비수의 번뜩임과 같으니 뒤엉킨 민심으로 어찌해야 할까. 한글이라는 검만으로 든든한 건가.

(≪대구문학≫ 2017. 3, 4월호)

부석浮石

묵 한 사발에 곁들인 한잔 막걸리로 목을 적신다. 처녀의 살갗 같은 유월 초의 햇살이 안양루安養樓에 눈부셨다. 누각은 발아래 산천을 누르며 고고했다. 부석浮石의 절집에 오르내렸을 세월의 티끌이, 소백의 유장한 흐름이 잡은 잔에 일렁인다. 한잔 또 채워주는 이가 고맙다.

平生未暇踏名區　평생에 여가 없어 이름난 곳 못 왔더니
白首今登安養樓　백발이 다 된 오늘에야 안양루에 올랐구나
江山似畵東南列　그림 같은 강산은 동남으로 열을 지었고
天地如萍日夜浮　천지는 부평 같아 밤낮으로 떠 있구나
風塵萬事忽忽馬　풍진 세상 모든 일이 말 타고 달려온 듯
宇宙一身泛泛鳧　우주 간에 내 한 몸이 오리마냥 헤엄치네
百年幾得看勝景　백 년 동안 몇 번이나 이런 경치 구경할까

歲月無情老丈夫　　세월은 무정하여 나는 벌써 늙어있네

부석사 안양루에 올라 김삿갓이 읊은 시다. 그 방랑시인이 유년과 청년 시절을 보냈다는 영월군 마대산 자락이 절에서 멀지 않다고 한다. 하나 그때로는 험준한 영을 넘고 넘어야 했으니 결코 가까운 길이 아니었으리라. 천하를 흘러다니다 수구초심의 심사로 쇠잔한 노구를 끌고 늦게야 이 절집을 찾은 것이 아니었을까.

홍경래의 난 때였다. 평안도 선천 부사로서 민란의 봉기군과 맞서지 않고 항복했다는 죄명으로 참형을 당한 조부 김익순, 이를 모르고 후일 영월 향시에서 김익순의 죄를 묻는 시제로 장원을 한 김삿갓. 그게 방랑의 단초였다.

가문은 폐족으로 내몰렸다. 살아남은 가솔들은 피신해 지내던 곡산에서 다시 몇몇 곳을 전전한 끝에 영월의 후미진 산골로 흘러들어 왔다. 숨어 살며 어머니에게서 익힌 글로 조부를 신랄하게 비판한 솜씨로 벼슬길에 나서게 되었다는 걸 알게 된 김삿갓 김병연金炳淵의 심사는 어떠했을까. 어찌 영월 땅에 머물 수 있었을 것인가. 하여 떠돌았다. 하늘을 볼 수 없다며 갓을 쓰고서.

치오르는 비탈길이 가팔랐다. 희방사의 독경 소리가 골에 울리고 있었다. 끝이 없을 것 같았던 길을 이겨내고 마침내 연화봉 꼭대기에 섰다. 산 아래 세상이 가물거리며 엎드려 있었다. 후들거리는 다리를 가누며 장군이 된 것처럼 으슥해 했다. 산허리는 철쭉으로 온통 붉었다. 무턱대고 산행길에 따라나서곤 했던 내 삼십 대 때 처음 올랐던 소백산의 기억이 아물댄다.

안양루로 밀어닥친 그 산의 풍광은 여전히 유장했다. 국망봉, 비로봉, 연화봉, 거기서 뻗어 내려 솜구름 흐르듯 점점이 누운 산들이 이 절집의 누각에서 그렇게도 아름답게 보인다는 걸 그때는 몰랐다. 몇 번 걸음 때마다 내 발길도 서성댔거늘 어찌 시인 묵객이 지나칠 수 있었으랴.

김삿갓은 마냥 내다보이는 풍정만을 영탄했을까. 그 누각의 벽에 내걸린 글발의 행간에 숱하게 뱉어내고 싶은 말을 감춘 것은 아니었던가. 고향처럼 살다 아프게 떠나야 했던 곳이 지척인데 심사가 어땠을까. 아무래도 바로 뒤편 무량수전 부처님에 붙들려 거친 입이 묶였던 것은 아니었을는지. 오늘 일행 따라 절 마당에 오른 한낱 범부인 나도 새 권력의 정치를 떠올리며 삿대질해대고 싶은데 말이다.

옆 사람이 다시 잔을 채워준다. 문득 무량수전 뒤 선묘각에서 만난 여인이 술잔에 어른거린다. 환영인가, 선묘善妙 낭자의 초상이다. 엷은 미소의 입이 열린다. 입심 세기로 소문난 그 삿갓 양반이 어찌 부처님에 눌려 말문을 닫았겠소. 나한테 홀려 그랬던 것이오. 나는 당나라 등주에 공부하러 온 의상대사가 묵었던 집의 딸이었다오. 첫눈에 끌려 그 청년을 사랑했건만 눈길 한번 주지 않는 게 속상하고 약속했지요. 하지만 더럽고 무서운 게 정이라 하지 않았소. 그가 유학을 마치고 신라로 떠나는 날 정녕 못 잊어 바다에 몸을 던졌소. 그런데 내 원이 하늘에 닿아 그를 호위하는 해룡이 되어 바다를 건너왔다오.

내 정인 의상이 이 절을 세울 때였소. 산적들이 떼로 모여 훼방을 놓았다오. 나와 전쟁하듯 싸웠소. 절터의 바위를 공중에 들었다 놓았다 하는 내 신통력을 보고는 도적들이 혼비백산 도망을 갔다오. 무량수전 옆의 浮石이라 새겨진 그 돌이라오. 나는 지금도 연모의 정을 어쩌지 못해 바위가 되어 무량수전 앞마당 땅속에 묻혀 있소. 때로는 못내 안달이 나 내 애절한 심사를 임에게 내보이기도 하오. 안양루 기둥 포 사이로 드러난 다섯 부처의 형상을 먼발치에서 그대 일행도 쳐다보았잖소. 그게 나였소. 천하를 주유하며 여인네들을 울리기도 했을 그 작자가 내 간절한 사랑 이야기를 듣고도 목석이었다면 글쟁이도 아니지 않소. 내게 끌렸을 거요….

일어서는데 취기가 오른다. 함께 앉은 이들이 좋아 술 멀리하라는 말도 삼켜버리며 오랜만에 입에 댄 탓이다. 다음 갈 곳으로 떠날 채비를 하는 일행의 웃음소리가 햇살에 튕기듯 맑다. 밥집 울 밑에 흐드러진 앵두처럼 곱고 빛나지만, 모두 글 몸살이 나 있다. 그 열병을 다스리려 때로 문학기행이란 이름으로 떠도는 사람들이다. 오늘도 사는 일에 할 말을 찾으려 버둥댄다.

선묘는 누구였을까. 바로 화엄의 얼굴이 아니었던가. 화엄 사상을 누리에 펼치려 한 의상의 불교에 저항했던 토착 종교와 맞선 부처 그였다. 이 주도 세력 교체와 문화 충돌의 이야기, 그게 설화가 되었다. 피폐해진 조선 후기, 세도 정치의 주류 권력을 비틀고 희롱하며 거하게 싸움을 걸었던 김삿갓도 판을 바꿔보고 싶었으리라. 그의 생도 이젠 전설이 된 양 울려온다. 오늘 우리는 무엇으로 갈등하며 고뇌하는가. 세상에 던지고 싶은 말을 제대로 찾아가고 있는 것인지 알 수가 없다.

무섬마을 내성천에 굽이 걸린 긴 외나무다리를 건넌다. 발밑이 아슬하다. 구름도 나도 떠내려간다. 단종 복위를 꾀하다 죽임을 당한 금성대군의 뒤 자취와 소수서원 강학당에서 옛 유생처럼 두건을 쓴 채 오뚝하게 글공부하던 한 여인을 헤아려본다. 모두 사연이 있음이랴. 삶이란 원래 아슬아슬한 다리 위를 걷는 일 아니던가. 부운浮雲의 행로다. 그 길을 오늘 함께 걷는 이 있어 좋다. 무량수전 배흘림기둥처럼 푸근하니 부석浮石의 기운을 받은 것이 아니겠는가.

(≪대구문학≫ 2018. 1, 2월호.)

어디서 본 사람 같은데요

“커피 한잔 드릴까요?” 서너 걸음 옆 의자에 앉은 여자가 내게 물었다. 자주 오르는 산길의 중간쯤 그늘 깊은 참나무 아래다. 바람에 일렁이는 연초록 숲이 발정 난 것처럼 봄 냄새를 쏟아낸다. 옆에서 나를 자꾸 쳐다보는 시선을 느끼던 차였다. 육십은 넘어 보이는데 간식을 먹으려는지 배낭을 풀고 있었다. 얼떨결에 고맙다는 말부터 해버렸다.

산에서 이따금 커피 한잔 받아 들 때가 있고, 막걸릿잔도 건너올 때가 있다. 혼자인 내 얼굴이 말라 보였거나, 옆에 사람 두고 음식 먹는 걸 켕겨 하는 우리 습속 때문이라 여기면서 눈치도 없이 고맙다는 말과 바꾸곤 한다. 주로 젊은 짝들이나 무리로 왁자한 사람들로부터 받는 호의였지만, 혼자인 여자로부터 권해 받는 것은 생경하다.

“홍차를 탔습니다.” 종이컵을 내밀며 엷은 웃음을 띤다. 커피보다 이게 아저씨에게 좋을 것 같다는 말을 덧붙인다. 초면에 내 몸 걱정도 담았다는 뜻이니 눈길이 달리 간다. 얼굴에 검버섯이 나 있지만 희고 맑다. 긴 모자챙 사이로 흰 머리가 날린다. 다시 짐을 헤치더니 산 아래에서 사 들고 온 떡이라며 권한다. 나도 가져온 게 있다며 사양을 해도 혼자 다 먹지 못한다며 내미는 것이 억지스럽다. 또 건네받기 미안해 내가 그쪽으로 움직인 사이 쉴 곳을 찾던 사람들이 내 자리를 차지해버렸다. 어물거리다가 그 여자와 둘이서 배낭을 사이에 두고 앉게 되었다. 강낭콩이 먹음직하게 박힌 개떡이었다. 반을 뚝 떼어 비닐봉지에 넣어 건넨다.

"아저씨는 왜 혼자 왔어요?" 자리에서 먼저 일어날 말을 찾으려 애쓰는데 어설픈 침묵을 깨고 도발하듯 묻는다.

"혼자 잘 다닙니다. 그래야 바람 소리 새소리도 제대로 듣지요."

"아주머니는 왜 혼잔데요?

"친구에게 연락해 봤는데 다 볼 일이 있다고 해서 혼자 와 봤서예."

묻지도 않았는데 혼자 살고 있다고 했다. 자식이 셋인데 잘 찾아오지도 않는다는 말도 덧붙이며 웃는 웃음이 허해 보인다. 조금 전 오던 길에 젊은 남자가 작업을 거는 것 같아 피했다는 말도 내놓는다. 엉뚱하다 싶어 갑자기 의문스러워진다. 넘는 말투에다 '작업 건다'는 말이 더해졌기 때문이다. 시중의 점잖지 않은 입에서 담아내는 말이어서 혹시나 싶었다. 산에서 남자에게 접근한다는 여자 이야기를 들은 기억이 났다. 이 산은 지하철 종점에 붙은 곳이라 백수들이 많이 찾는다. 생긴 분위기로 보아 그렇지는 않으련만, 말이 많을 것 같아 잘 먹겠다는 인사를 건네고는 일어섰다. 때마침 자리 생겼다며 앉으려던 일행의 한 명이 내 등을 친다. 옛 직장 동료였다. 오랜만에 보는 사람이었다. 엉거주춤 서 있는 내 옆 여자에게 "사모님 되십니까?" 하며 꾸벅 절을 한다. 이런 일이 싫었다. 설명하고 말고도 없이 사모님이 되어버렸다. 자리를 같이 떴다.

"아저씨, 몇인데요?" 일이 묘하다 싶은데 캐묻듯 하는 말이 직구처럼 날아온다. 헛웃음이 나오려 했다. 여자에게 나이를 바로 대는 게 뭐하기도 해서 소띠라고 했더니 토끼띠라고 응수해 왔다. 나보다 두 살 아래지만 많이 젊어 보인다. 같이 오기로 했다가 못 온 친구 이야기며 멀리 사는 딸 이야기를 흉처럼 꺼낸다. 사람들과 내왕이 뜸해지니 혼자 외롭다고 했다. 내밀해야 할 말이건만 거리낌 없으니 의문표가 더해진다. 마신 홍차는 괜찮은 건가 싶어 배를 눌러보았다.

오르막길이다. "아저씨, 아까부터 어디서 많이 본 사람 같았는데요." 뒤처지기를 바라며 속도를 높이는데 숨 가쁘게 따라오며 하는 말이다. 다시 힐금거리며 뜯어보았지만 낯선 얼굴이다. 서먹함을 감추려는 괜한 말인지, 수작을 걸어보려는 말인지를 헤아리며 듣고만 있었다.

"아저씨는 배도 안 나왔고 홀쭉해서 걸음도 잘 걸으시네요. 너무 좋아 보입니다."

"아주머니 얼굴 참 곱습니다."

다시 이어지는 발림 같은 말을 걸기에 곱다는 말로 답하니 키득 웃었다. 언변이 직설적이어서 만약 남자 호릴 그런 여자라면 하수라는 생각이 들다가 혹시 무녀리는 아닐까 싶기도 했다. 그런데 사람을 끈다. 고개 하나를 다 넘어가는데 산 아래로 빠져나가는 지름길이 없느냐고 묻는다. 여자의 보폭에 맞춘 느린 걸음이 되레 힘이 들던 때라 잘되었다 싶었다. 왜 그럴까 싶으면서도 지름길을 찾는 이유는 묻지 않았다.

이윽고 갈림길에서 팻말을 가리키니 정작 머뭇거린다. 이 길이 맞느냐며 시간을 끌듯 나를 쳐다보더니 몸을 돌려 내려갔다. 또 한 번 뒤돌아보고는 숲으로 사라졌다. 다시 오르막길이다. 뒤에 따라오던 한 장년이 "저 길은 좁고 호젓해 여자 혼자 가기엔 좀 그런데요." 하며 지나간다. 일행으로 보였는데 의아스럽다는 어감도 섞였다. 나도 한 번도 내려가 본 적 없었다. "아차!" 싶었지만 따라가 부를 수도 없는 일, 내가 잘되었다고 여겼듯이 목석같았을 내가 별 볼 일 없는 남자로 보여 내려갔을 것이라 여기기로 했다. 휘적휘적 혼자다. 다시 찾은 내 걸음이 시원했다.

늘 쉬던 장소에서 점심 꺼내먹고 있는데 다시 만난 직장 동료가 사모님은 어쩌고 혼자냐고 묻는다. 그 일행도 짐을 푼다. 산에서 만나면 다 사모님이냐고 했더니 모두 한바탕 웃었다. 받은 떡을 한 조각 떼고 넘겼더니 차반이냐며 또 껄껄댔다. '어디서 많이 본 사람 같다.'는 여자의 말을 다시 떠올린다. 누구나 겪는 풋풋한 삶의 말이 유혹의 끈일지를 셈해야 하는 일을 씁쓸해하며 기억을 더듬어 보지만, 아무래도 내가 아는 이는 아닌 것 같았다.

나도 어디서 본 듯한 사람을 만날 때가 있다. 그냥 지나치면서도 궁금증의 여운이 남는 일이 여러 번이었다. 기억나지 않으면서도 말을 건네고 싶은 사람이 있다. 더구나 남녀 간이라면 막힌 기억을 풀어보려 더 애를 쓰기도 한다. 상 하행으로 교차하는 지하철 에스컬레이터에서 우연히 시선이 마주친 사람이 본 듯도 하여 멀어지면서도 서로 고개를 돌려 쫓아보던 일이 있었다. 그쪽은 엷은 웃음도 짓는 것도 같았다. 끝내 기억해내지 못한 그 여자가 며칠이나 나를 붙들었다. 만남의 인연은 숱하게 얽혀있겠지만, 기억이 까마득한 것은 전생의 연이어서 그러려니 싶고, 이생의 연이라도 서로 알아보지 못하는 게 좋겠다는 하늘의 섭리가 아니려나 여긴다.

갈림길에서 떠난 그 여자에게 나는 무슨 인연으로 본 듯한 사람이 되었을까. 몇 마디 언어의 불편함만으로 선뜻 산을 배회하는 그런 여자로 예단한 것 같아 미안해진다. 머뭇거리며 뒤돌아보던 그녀의 눈빛에서 아니라는 기운이 흐르고 있었기 때문이다. 능선으로 몰려가는 송홧가루처럼 기억의 편린들이 날리기만 한다. 주말에 자주 이 산을 찾는다고 한 내 말을 그 여자가 새겨들었을까 싶어진다.

(≪좋은수필≫, 2016. 7.)

〈새재의 문〉/ 캔버스에 오일 74×54㎝/ 하재열

까마득한 발걸음 소리를 붙잡으려 했다.

새재엔 비가 내리고

만산이 오색 춤을 춘다. 비바람에 떨어지는 낙엽의 군무는 휘모리 장단이다. 발끝마다 뒹구는 잎을 밟기가 저리다. 가랑잎 쌓인 눠누리의 검붉은 물빛 소리, 그 위에 내리는 빗발의 처연함이 애간장을 태운다. 우산에 내려앉는 낙엽과 비 소리에 내 가슴엔 날개가 돋는다. 오늘 새재에서 흔들리며 춤을 춘다.

가을이면 나는 아프다. 아침에 불쑥 이쪽으로 향했다. 새벽녘 닿는 가을 기운은 무당처럼 나를 홀리게 한다. 조락의 계절이 던진 주술이었다. 나서는데 빗줄기 세어졌다. 그만두자고 할 것 같은 아내가 되레 나서자고 다그친다. 비 오는 날이면 좋아라 했다. 멀리 가서 바람에 흩날려 보낼 말이라도 있는 양 들떴다.

둘이서 두 잎 낙엽이 구르듯 걷는다. 비 그친 틈새로 덮여온 안개가 형언키 어려운 수묵화를 그려내며 몰려 오간다. 황톳길 굽이마다 발자국 자취로 질벅인다. 사람들은 빗속에서도 줄을 잇고, 풀어놓은 세상 이야기도 줄을 서 따라간다. 옛날 옛적부터 쌓여왔을 그 시절 사람의 자국들이 함성처럼 들리는 것 같다. 휘날리는 가랑잎 한 잎 귀밑을 스친다. 삶은 그렇게 스쳐 지나며 사라지는 거라고 한다.

조령원 터와 주막집을 지나치건만 쉬어가라 목소리 들릴 법한데 침묵이다. 힐끗힐끗 안을 보니 가랑비 소리만 쌓인다. 새재를 넘던 사람들이 묵어가던 곳이다. 고즈넉한 집 안에서 옛사람들의 주절거림이 들리는 것만 같다. 이런 비 오는 꿉꿉한 날이면 주모의 외로움은 더 사무칠 것이거늘. 너는 갓도 벙거지도 안 쓰고, 봇짐도 안 멘 행색이 여기 사람 아닌 듯하니 얼쩡대지 말고 그냥 비 맞고 가란다.

조선 태종 때에 개척한 관도官道라고 적고 있지만 그럴까. 사람 발길 닿지 않는 데 어디 있으랴. 길 주변에 파묻힌 사람의 흔적들이 훨씬 오래전임을 알린다. 어쩌면 아득히 아사달阿斯達의 사람 때부터 오르내렸던 길이 아니었을까. 더구나 옛 삼국이 각축했던 지리적 위치라 하지 않았는가. 고구려의, 백제의, 신라의, 고려의 말발굽이 소리를 내었으리라. 임진년 왜의 발굽마저 찍혔지 않는가.

오늘 까마득한 그 길을 걷는다. 남부여대해서 오르내렸던 그 숱한 걸음을 밟는다. 한 에움길 모퉁이에서 만난 서낭당 돌탑에 묻는다. 하 세월 쌓였는가. 우람한 돌무더기가 여기저기 하늘로 치솟고 있다. 예부터 길손의 소원을 받아 풀어준다는 영험한 곳이란다. 장원급제 해달라고, 아프지 않게 해달라고, 돈 벌게 해달라고, 아들 낳게 해달라고 숱한 남정네와 여인들이 돌을 던지며 빌고 빌었으리라. 그 말들이 돌무지에 묻혀 오늘 추적추적 비를 맞는다. 날리는 가랑잎이 속절없이 위로 쌓인다. 나는 뭘 빌어야 하나. 던질 돌을 찾기 어려워 아내와 붉은 단풍잎 한 잎 주워 돌에 붙인다. 길 지나며 남긴 선비들의 글귀처럼 제대로 글 한번 쓰게 해달라고 할까 싶다.

조곡관 넘어 옛 과거길 징검다리다. 여울물 소리에 발을 차마 떼지 못한다. 이건 물속에 혼령이 있어 부르는 소리다. 저 위쪽 발원지의 골짜기에서부터 스며든 풀잎과 나무뿌리의 소리요, 바위와 이끼의 소리요. 하늘과 별과 달이 내려앉은 소리다. 글을 새겨 안은 시비들이 선비인 양 물소릴 듣고 있다. 젖은 낙엽이 붙어 쌓인다. 새재길 처처에 글귀다.

'宿鳥嶺村店(새재에서 묵다),' 시구 하나에 붙들린다. 서애 류성룡 柳成龍 선생의 글이다.

消消林風起　살랑살랑 솔바람 불어오고
泠泠溪響生　졸졸졸 냇물 소리 들려오네
幽懷正迢遞　나그네 회포는 끝이 없는데
山月自分明　산 위에 뜬 달은 밝기도 해라
浮世身如寄　덧없는 세월에 맡긴 몸인데
殘年病轉嬰　늘그막 병치레 끊이질 않네

南來還北去　고향에 왔다가 서울로 가는 길
簪笏愧虛名　높은 벼슬 헛된 이름 부끄럽구나

글귀로 미루어 짐작건대 임란이 끝난 무렵으로 보인다. 아픈 몸에다 나라 걱정에 어찌 회포가 없을 수 있으랴. 더구나 가토 기요마사加藤淸正가 짓밟았던 그 길을 걸어가는 심사가 더 그랬으리라. 어찌 신립장군은 요새인 새재에서 맞싸울 생각을 못 했던 것일까. 떠오르는 그 생각에 선생은 통탄도 했으리라. 지나간 역사의 가정은 허망한 일이지만, 전사를 바꿀 일이었다고 말들을 한다.

나는 뭔가. 역사의 가정을 세우며 후대가 눈물 흘릴 일을 저지른 세대가 되는 건 아닌지. 요즘 마음 갈피가 흔들린다. 불초가 흔들려 봤자 지만 고함이라도 질러대고 싶은 일을 목도한다. 도망 다닌 그 임금의 시절처럼 만백성이 아파질까 나라의 행로에 조바심이 난다. 그래도 길은 이어질지니, 이리저리 제 갈 대로 가면 될 일 아니냐며 억지 뱃심을 낸다. 어디 못 살 일이야 있으랴. 새재의 길에 누운 삶이 그래 왔거늘. 나도 아내도 함께 걷지만, 끝내는 서로 어디로 가는지 모르는 걸음 아니던가.

우수수 잎이 한 차례 다시 떨어진다. "문경 새재는 웬 고갠가/ 구부 구부가 눈물이 난다/ 아르-아르-아라리요…."/ 계곡을 울리던 가락이 귓가에 맴돈다. 질경이 같은 삶을 살아가며 이 길을 오르내리던 민초들의 애끓는 노래였다. 오늘 새재엔 비가 내리고 나는 내일 남쪽 산을 떠돌 참이다.

(2018. 10.)

다시 불일암으로

산은 온통 붉게 서걱거렸다. 그리던 그 후박나무도 몇 잎만 붙은 희끄무레한 몸체를 창공에 내맡기고 있었다. 산비탈 오름길 끝 대숲을 지나 모습을 드러낸 불일암이다. 그렇게도 걸음하고 싶었던 곳인데 내 가슴 속의 모습과 맞추며 주춤댔다. 나뭇잎 구르는 뜰엔 나목의 그림자만 흔들릴 뿐 적막했다.

어느새 다시 잎이 지며 바람이 마르다. 잠 깬 새벽, 창틀 너머 귀뚜라미 소리에 내 몸의 촉도 가을을 탄다. 아내도 다시 마주 선 조락의 계절 앞에 서성이고 있었던 걸까. 불일암에 다시 가보고 싶다고 한다. 가까운 이쪽의 산야만 헤집고 다녔는데 지난해에야 마음 다잡고 찾아갔다. 낯선 곳엔 발이 먼저 머뭇댄 탓이었다. 내심 나도 올가을 갈 곳으로 또 꼽으며 그 일을 떠올리고 있던 터였다.

스무 남짓 되어 보이는 앳된 아가씨였다. 뚝뚝 흐르는 눈물에 얼룩진 얼굴이 오래도록 나를 붙들었다. 뜰에서 서성이던 모습이 언뜻 푸석하고 여위었다 싶었는데 그때 한 스님이 방문을 열고 나왔다. 섬돌 위의 신발 하나, 암자의 적막감을 더 깊게 하는 것만 같아 궁금해하던 차였다. 몇 안 되는 방문객에게 합장하며 웃는 얼굴이 해맑았다. 법정 스님의 뒤를 이어 암자를 지키는 분이려니 여겼다. 멈칫대던 그 아가씨가 스님 앞을 막듯이 다가서며 드릴 말이 있다고 했다. 갑작스러운 일이었다. 몇 걸음 발치라 무슨 이야기인지는 들리지 않았지만, 진지해지는 스님의 표정으로 짐작만 할 뿐이었다. 선 채로 한참이나 주고받은 말의 끝에 눈시울이 붉게 물들며 흐르는 눈물이었다.

스님은 산 아래로 내려갔고 아가씨는 그 자리에 붙박이듯 서 있었다. 손등으로 눈시울을 훔치는 게 안쓰러웠다. 어린 나이의 처녀가 산중에서 스님을 만나 이렇게 눈물 흘릴 일이 뭔가 싶었다. 고개 숙인 해쓱한 얼굴이 애잔했다. 사연을 어찌 물어볼 일이던가. 우수수 떨어지는 낙엽이 뜰에 뒹굴며 쓸려갔다.

법정 스님 다비식 날 나는 팔공산 혜원정사 법당에 엎드렸다. 사진으로 담아 내려온 것이지만, 그날 산에 올라 만난, 잔설에서 피어난 샛노란 설연화雪蓮花 한 송이를 영전에 바쳤다. 흔히 복수초福壽草라 부르지만 '눈 속에 피는 연꽃'이라는 의미를 담은 꽃이다. 스님의 글줄이 내 삶에 내려친 회초리에 작은 보답의 정표를 내보이고 싶었다.

아내가 다시 불일암에 가보고 싶다고 한 뜻을 나는 안다. 이심전심의 내 마음이기도 했기 때문이다. 부처님이 내 말은 안 들어준다며 푸념하다가도 초하루가 되면 절을 찾는 아내는 나와는 또 다른 간절함이 있으리라. 사는 일이 어디 뜻대로 다 될까만, 그래도 기대에 어긋난 일로 인한 상심을 다스리기 힘들어 한다.

지난해 스님의 터가 안온했다. 추녀 밑을 서성이며 나를 곧추세워 주던 많은 글줄을 떠올렸다. 후박나무 밑동에 묻힌 스님의 유골 위로 구르는 낙엽에 존재의 의미를 묻고 물었다. 이 가을 다시 그쪽으로 고개를 돌린다. 스님의 자취에 또 이끌려서이겠지만, 부질없게도 엉킨 내 삶을 추슬러 주리라 여기는 세속적 바람도 얹힌다.

그 아가씨도 필시 스님의 책과 맺어진 인연 아니겠는가. 스님은 가시고 없지만 책의 글줄에 매달리고 싶었으리라. 애절한 눈물방울에 서린 사는 일의 고뇌가 뭐였는지 다시 궁금해진다. 일 년이 흘렀다. 뒤 광에 둔 불일암 그림을 다시 꺼내 본다. 지난해 다녀와서 낙엽에 싸인 그 묵상의 고요를 붙잡고 싶었다. 돋보이게 그렸던 그 나뭇등걸 빈 의자를 바라본다. 버리라 했거늘 버리지 못해 커지고 있는 나와 아내의 근심인가. 다 큰 자식의 일도 버려야 할 일이련만, 때로 불면의 밤을 겪는다.

이 가을 그 처녀가 다시 불일암에 오려나. 이번에 만나면 말이라도 건네고 싶다. 그리곤 대숲에 흩어지는 산바람 소리에 실려 있을 스님의 말을 찾아내고 싶다. 그래, 다시 불일암으로 가자.

(2017. 10.)

망상妄想 세상

모처럼 만난 손자 녀석과 뒤 공원 놀이터에서 장난을 친다. 아이들 재잘거리는 소리 정겹다. 손자놈 비둘기에게 준다고 들고 있던 과자를 제 또래들에게 건넨다. 친해지고 싶었던 건가 보다. 아이 둘 내게 일러바치듯 쫑알댄다.

노랑 모자 꼬마/ 친구가 저기 도랑 건너다 넘어져 다쳤어요. 걔 엄마가 놀라서 병원에 데려갔어요. 무릎에 피도 났어요. 놀이터 옆에 물 흐르는 도랑이 새로 생겼어요. 근데요, 위험하데요.

댕기 머리 꼬마/ 돌이 뾰족하고 반들반들해요. 겁나요. 엄마가 놀이터 가면 조심하라며 걱정해요. 다른 엄마들은 나와서 지켜요.

손자 녀석/ 할아버지 다른 데 가요. 아까 건너뛰다가 미끄러질 뻔했잖아요. 물도 더러워요. 저쪽에 비둘기 많아요.

오십은 넘어 보이는 아주머니 둘 내 앞쪽에서 트랙을 돈다. 공원

한 바퀴 도는 우레탄 길인데 공사판에서 밀려온 모래더미로 몇 군데 막혔다. 걸음이 느려지니 내가 뒤에서 보폭을 맞추느라 애쓴다.

좀 뚱뚱이/ 봄부터 공사한다며 온통 먼지 구덩이야. 청소하면 걸레가 시커멓게 돼. 그 집에는 안 그런가? 두 달 만에 끝낸다고 해놓고는 넉 달째 묻었다가 다시 파 재끼고 야단이야.

좀 홀쭉이/ 좋게 한다니 보고 있었는데 얄궂어. 바닥에 새 블록 깔면서 샛길 몇 군데는 마사토를 깔았어. 공사하는 분 말로는 맨발로 걸을 수 있다고 했거든. 근데 비 한번 내리자 다 쓸려 내려갔잖아.

좀 뚱뚱이/ 처음엔 보기 좋았는데 움푹 파인 골이 여기저기 보기 싫었어. 다시 마사토를 깔던데, 비 오니 또 쓸려가고 파였어.

좀 홀쭉이/ 비탈길에 굳이 마사토를 깔려는 일이 참 답답해. 그러다가 한 달 뒤엔 블록으로 그냥 덮어버리는 거 봤잖아. 먼저 덮은 곳 하고 결도 안 맞고 하니 화장발 안 받는 형님 얼굴 같아.

좀 뚱뚱이/ 거기다 와 날 찍어 붙이노. 우쨌든 일을 장난하는 것처럼 해. 세금 아까워.

며칠 전에 만들어 세운 의자다. 노인장 둘이 앉는다. 희끗희끗한 머리가 날린다. 8월 끝 무렵의 아직은 두꺼운 볕이 느티나무 사이를 파고들며 파도처럼 일렁인다.

온통 흰머리/ 한동안 공사 때문에 갑갑했어. 그런데 새로 만든 의

자가 영 그래. 졸대를 대어놓은 것 같은 폭 좁은 나무판 위에 오래 앉아 있지를 못하겠어. 엉덩이에 살이 없어 아파. 등도 배겨. 주로 늙은것들 앉아 쉬는 의자인데 왜 이리 만들었는지 모르겠어.

조금 흰머리/ 나무판이 넓었던 전에 것이 편했잖아. 생각을 안 하는 것 같아. 산책로 연석 밖의 의자는 땅 위에 그냥 세웠지. 비 온 뒤엔 신발에 흙이 묻고, 벌레도 물고 성가셔. 현장 소장이란 사람에게 말했지만 마이동풍이었어. 아 그래, 그쪽이 구청에 편지했다 그랬지.

온통 흰머리/ 열불이 나서 했지. 열흘이나 뒤에야 의자 바로 밑 발 닿는 곳에만 처삼촌 벌초하듯이 엉성하게 블록을 깔아주데. 나는 못 들었는데 뭐 설계에 없는 것이라 하면서 선심 쓰듯 했다고 해.

조금 흰머리/ 사돈 남 말하듯 했네. 중앙 통로에 저 긴 의자 좀 봐. 등받이 없이 나무판만 평평하게 해놓았는데, 애들이 놀이기구처럼 밟고 다녀 흙투성이야. 저길 어떻게 앉아. 개 올려놓고 엄마한테 오라며 훈련시키는 여자도 있었어. 그 집 아이는 골목에서 담배 물고 있던데.

온통 흰머리/ 나무 그늘에서 둘러앉아 담소를 나누라고 제 딴에는 멋있게 한다고 만들었겠지. 말 그대로 책상머리 생각이지. 망상이야. 관청은 늘 망상을 하지. 아니, 거기에 휘둘려. 자기가 뱉은 말에도, 눈치 봐야 하는 말에도.

늦은 오후 트랙을 돌다 게이트볼장 옆을 지나는데 왁자했다. 아이들은 방과 후에 모여든 초등 또래들이고 60 중반도 넘어 보이는 여자는 게이트볼 회원인 모양이다.

좀 꾸부정한 할머니/ 야들아, 들어오지 말라 했잖아. 여기서 누가 축구하라 하더노? 인조 잔디가 다 망가져 공이 안 나간다 아이가. 빨리 나가거라. 와 그래 악따밧노.

통통한 아이/ 여기서 지금까지 놀았는데 우리는 어디 가라고요. 우리 엄마가 운동해야 살 빠진다 했는데, 할머니들만 차지하면 어떻게 해요.

땅딸막한 할머니/ 야들이 뭐라카노. 저 옆에 현수막 안 봤나. 게이트볼장 전용이니 들어가지 말라고 돼 있잖아. 옆에 새로 잔디 깐 마당에 가서 놀면 되는데 왜 여기서 이카노.

깡마른 아이/ 저기서는 시합 못 해요. 철망이 없잖아요. 공을 차면 밖으로 굴러가서 안 돼요.

땅딸막한 할머니/ 그래도 여기서는 하지 말거라. 야, 니는 왜 밖으로 안 나가고 서 있노. 집에 가서 공부나 해라.

끝까지 버티던 성깔 있어 보이는 아이/ 여기가 할머니들 땅이라요? 우리는 축구를 할래요. 할머니들은 집에 가서 낮잠이나 자세요.

아이들은 쉬 물러날 것 기세가 아니고 낮잠 자라는 말에 발끈하여 할머니들은 고함치며 삿대질까지 해댄다.

내 옆에 선 사십 대쯤 여자/ 아이고, 참. 자기 손자 같으면 저리하겠나. 잔디 좀 망가지면 어떠노. 조를 짜서 저렇게 지키고 있다 아이가. 요즘 매일 아이들하고 싸워요. 뭐 구의원한테 부탁해서 애를 먹고 새로 만들었다며 자기 회원들만 써야 한대요.

내 옆에 있던 수염 텁수룩한 남자/ 참 한심해요. 흙을 깔아놓았을 때는 동네 운동장 같았잖아요. 아이들로 시끄럽기는 해도 공원에 생기가 돌았지요. 배드민턴을 하는 부부도 보였고, 맨발로 걷는 사람도 있었지요. 전혀 문제가 없었는데 더 잘 꾸민다며 해놓고 생긴 일이 이 모양이요. 공이 넘어가 아파트 창문 깰까 봐 높은 철망 담장까지 구청에서 저지난해 세워놓고는 지금은 게이트볼 전용구장이라 하니 말이 안 맞지. 아이들도 숨 쉬어야지.

노틀 둘 내 건너 쪽 의자에 앉는다. 한철 지났건만 모두 밤 더위가 만만치 않아 나온 모양이다. 느티나무 잎을 스치는 바람엔 이미 가을 냄새가 묻었다.

반바지 차림 남자/ 밤에 잠을 못 자 애를 먹겠어. 물도랑 벽면 가장자리와 주변 느티나무 밑동에서 밝은 빛을 하늘로 쏘아 올리니 나뭇잎에 빛이 산란하며 흔들려 현란해요.

슬리퍼 신은 남자/ 나도 그래요. 외등조차 싫은데 백색 조명등 불빛에 방이 훤하니 늙은 사람은 자지 말라는 말 같아요. 구청 사람

자는 방에 이런 빛 들어가게 하면 어떻게 할지 궁금해요.

반바지 차림 남자/ 말이 많아지자 며칠 전에 약한 붉은색 조명으로 바뀌었잖아요. 아파트에 붙어있는 도심 공원에다 조명시설로 밤새 불을 밝힌다는 그 발상이 한심하기보다 겁나요. 바로 옆에서 자는 사람은 어쩌라고.

개를 안고 앞에서 서성거리던 젊은 여자/ 근데, 전에 없이 모기가 많아졌어요. 물도랑이 문제라고 해요. 물을 제대로 내보지 않으니 쌓인 나뭇잎이 썩어 악취가 나요. 모기 번식지로 딱 맞은 조건인 걸요.

슬리퍼 신은 남자/ 백여 미터는 되는데 멋이 없어요. 옆 계단 사는 한 남자가 공사 터파기하는 것을 보고 구청에 이야기했데요. 나무 사이를 따라 곡선으로 하면 보기 좋겠다고요. 그런데 돈에 맞추어야 한다며 나무까지 다 뽑아내고 길고 좁은 직각의 물도랑을 만들어 대리석으로 마감했지요. 공중목욕탕 욕조 같기도 하고 밤엔 활주로 유도등 같아요. 위쪽 면이 미끄러워 아이들이 다치자 이번엔 꺼칠꺼칠한 뭘 갖다 붙이고 법석을 떨데요.

"용산근린공원 정비공사"란 현수막을 내걸고 공원을 새로 단장한 일이었다. 5월 초에 시작해 6월 중순에 마친다고 적어 놓았다. 중간에 날짜를 두 번이나 고쳐 붙이더니 9월 초에야 끝이 났다. 관청 일의 허함이 도들 새김으로 드러나 흔들린다. 일 요량이 있기는 한가 싶었다.

공원에서 어슬렁대는 백수에게라도 답을 구했다면 어찌되었을까. 훨씬 박수받는 다른 모습이 되었지 않을까 싶다. 작은 자치단체의 일도 이러하거늘, 지금 오만 입과 힘이 얽혀 나라 곳곳을 헤집는 일이 도깨비놀음 같다. 너무 밝다고 푸념한 외등도, 조명등도 꺼야 하는 일이 생길까 요즘 저릴 때가 있다.

모두 망상하는 건가. 살기 좋은 세상 만들기란 이름을 내세운 망상인지, 망상의 욕심이 만들어 내는 아둔한 세상인지 가늠할 눈도 어렴풋하다. 그래도 세상은 멸하지 않고 돌아가니 기도를 해야겠다.

(2017. 10.)

왜 만나는 거지?

먼저 와 앉은 사람과 손 한 번씩 잡고는 적당한 자리에 앉는다. 내 뒤에 오는 이도 모두 같은 행동을 한다. 젓가락질로 이미 헤쳐진 음식처럼 이미 말도 여러 갈래로 갈라져 소리가 높아져 있다. 조금만 있으면 늘 해롱대는 한두 사람의 객쩍은 말에 또 시달려야 할 판 같다.

셋만 모여도 모임 만든다는 우스갯소리를 자주 한다. 우리네 어딘가에 별스러운 데가 있어 그럴까. 이따금 던지는 의문이다. 수없는 외침에 부대껴야 했던 반도의 삶에 까닭이 있다는 말도 누가 했다. 어느 한쪽에 서지 않으면 불안하기 때문이란다. 역사를 보면 그렇기도 하다. 밖으로는 대륙 쪽에, 해양 쪽에, 안으로는 정파로, 학파로, 교파로, 지역으로 갈려 만들어진 파당의 모임이 부침했다.

별난 데가 있지만 단군 자손만 그럴까. 인간도 홀로 있지 못하는 짐승이기 때문에 그런 것 아닐까. 무리 속에 들어가야 안심을 하는 동물, 그것은 원초적 불안을 해소하려는 본능적 존재의 방식이리라. 이것이 모임을, 사회를, 종족을 만들고, 나라를 만들어 온 것이라고 보면, 모임 많은 사람이라는 건 짐승적인 본능의 발현에 뛰어난 인간 우량품이라 할 수 있을까. 그 반대는 불량품이라 해야 하는 건지.

모임에 가면 거기에 다른 세상이 있긴 있다. 세상사 듣던 소문이 확실해지기도, 다른 내용이 전해지기도, 부지불식 간에 생뚱맞은 말을 지어내기도 한다. 모임에 꾸역꾸역 얼굴 내미는 것은 소문과 정보 획득에 대한 만족감에다 그 모임 밖의 지인, 또는 같은 업의 사람은 모를지 모른다는 야릇한 배타적 성취감을 맛보기도 하기 때문 아닐까. 끝내는 실없는 일이 되기 일쑤지만.

나는 어디일까 짚어 보지만 아무래도 불량품 쪽이다. 나는 우량품을 마당발이라고도 부른다. 직장에 있을 때다. 동향 출신의 각계 사람이 모였다는 모임에 가입 권유를 받았다. 구면의 사람도 만난 데다 밥상에 고향의 소문이 술잔과 어울리는 것이 좋았다. 마당발은 어디도 있게 마련, 내 업무와 관련한 청을 받았다. 들어주지 못할 일임에도 동향인데 그것쯤이야 하는 투였다. 말로 받아넘기면 될 일이련만 몇 번이나 거치적대는 것이 싫었다. 그 모임에 안 나가는 것으로 답을 했으니 나는 천생 불량품일 수밖에.

나는 모임이 많지 않다. 너울가지가 없는 걸 때론 책하기도 한다. 그러나 많은 모임을 자랑하는 이를 보면 대단하다 싶으면서도 술수를 잘 쓰는 사람 같아 왠지 불편하다. 본업이 있기는 할까 싶고, 일은 제대로 할까 싶기도 해서다. 퇴직하고 나니 그나마 나가던 몇 모임의 의미도 덧없는 일이 되어 씁쓸했다. 퇴직한 사람의 본업은 무얼까? 살아있음을 증명할 말머리 하나는 비수처럼 품어야 할 것 아닌가. 지난 시절을 축음기처럼 꺼내는 이야기꾼은 아니어야 하지 않은가.

날이 갈수록 헝클어지고 있는 나를 만난다. 무에 하나 제대로 나잇값 하는 것이 없음을 느낀다. 번잡함을 떨고 단출해지고 싶어진다. 채우려면 버리라고 했다. 얼굴 내밀고 있는 모임의 의미를 다시 생각한다. 그 많은 만남과 수많은 말들이 대체 지금 내 삶에 무슨 의미일까에 대해서다. 본업으로 삼으려 붙잡아 본 몇 글 쓰는 모임에도 바람잡이가 많다. 글은 뒷전이고 글 놀이 난전이 어지럽다. 얼굴 내는 귀고리 정도로 여긴다. 문학이 죽어간다고 아우성치는 이유다. 어쩔까 싶을 때가 많다. 불량품이라 소리 듣는 나 홀로 글쟁이가 되는 길이 나을 것도 같다. 누가 고독한 사색이 진정 세상을 세우는 일이라 했다지 않은가.

친구라 여겼는데 갈수록 지인의 얼굴로 다가올 때의 비애를 삭일 때가 있다. 요즘 과연 '친구'라는 관계가 있을까 싶은 근원의 물음에 다다른다. 이 팍팍하고 현세의 이문을 좇기만 하는 세상에 어찌 관포지교 같은 맺음이 있을쏜가 하며 마음을 붙든다. 구색친구 틈새에 그래도 중 · 고등 때의 까까머리들이 던지는 농으로 사는 일 한 귀퉁이가 푸근할 때가 있다.

다행히 오늘 해롱거림이 없다. 옛날 말을 다 쏟아낸 축음기도 이제 고장 난 걸까.

“한잔해라.”

“잔 받아라.”

“다음 달엔 뭐 먹으러 갈꼬?”

잔 권하는 소리와 먹는 말만 부딪친다. 다른 말도 섞이긴 하지만 건성으로 던지고 받는 객소리에 머문다. 오늘도 또 한 번 덧없는 자리가 될 것임을 번연히 알면서도 찾아와 앉았다. 내가 먹는 짐승임을 확인하고 싶어서인가. 갈수록 젓가락질 소리만 크게 내는 모임이다.

(2015. 2.)

외인부대

외국 선수의 익살스러운 얼굴이 화면을 채운다. 평창 동계올림픽 프레 경기로 열리고 있는 빙상경기장이다. 시설과 경기운영에 대한 외국 선수단의 반응을 전한다. 선수들의 치켜든 엄지에 조직위원회 관계자의 표정도 밝아진다. 말꼬리도 길었던 우리나라 첫 동계올림픽이 일 년 앞이라며 힘을 준다.

조직위원회를 떠올린다. 일 년 앞둔 시점의 분주한 표정들이 남의 일 같지 않게 다가온다. 모든 게 잘 준비되고 있다고 겉으론 내세우지만, 봉창에 뚫린 바람구멍처럼 숭숭한 부분을 앞에 둔 속앓이도 내겐 읽힌다. 하루하루 줄어가는 전광판의 카운트다운 숫자에 입이 마를 날도 있으리라.

나는 운동과는 좀 멀다. 중학 시절 방과 후에 야구나 축구를 한답시고 패거리에 몇 번 끼인 적도 있으나 곧 시들해졌다. 직장 때 테니스를 배우며 용을 써보기도 했지만 오래가지 못했다. 헬스장에도 등

록만 해놓고 날 수를 채운 적이 없다. 프로야구장에도 끌려갔지 스스로 가 본 적 없다. 그런데 산에는 자주 오른다. 내게 제격인지 지금껏 이어왔다. 산천의 풍광에 빠지다 보니 그게 절로 운동이 되었던 건가 싶다.

그런 내가 국제 스포츠대회를 치르는 일에 두 번이나 나섰다. 애꿎게 붙들린 것이었다. 서울올림픽 때 대구에서도 열린 축구대회 예선을 담당한 조직에서 일한 것이 첫 번째요, '2003 대구하계유니버시아드대회' 조직위원회에 몸담은 것이 두 번째다. 첫 번째 때 인사부서에 불만이 차 따졌더니 등산을 잘한다고 해 그리되었다는 하품 날 소릴 했다. 두 번째 때는 올림픽 경험자니까 적임자로 낙점되었다고 했다. 별수가 없어 꿰였지만 나라 밖과도 얽혀나갈 인연이라 여겼다.

유니버시아드대회 땐 대회 업무 전체를 아울러야 하는 기획부서의 부장이었다. 내내 부담스러웠다. 대회 유치도 급히 결정된 터였다. 다른 나라에서 보통 5년을 넘겼던 준비를 3년 만에 해낸 고군분투였다. 176개국이 참가한 대회가 끝나고 나니 내 머리엔 흰 서리가 내려 있었다. 한마디로 골병이 들었다. 두 번 할 일은 아니라며 되뇌었다.

국제스포츠대회는 왜 개최하려는 걸까? 꿩 먹고 알 먹고의 셈법이겠지만 그게 먹히지 않을 때가 더 많다. 나라와 개최 도시의 얼굴도 내고 곳간도 채울 요량이지만, 되레 적자의 뒷감당에다 시설의 사후관리에 골머리를 앓는다. 그걸 알면서도 대회 유치에 마치 도시의 명운이라도 걸린 양 매달린다. 그걸 국력의 과시나 도시의 얼굴 내기, 치적 쌓기로 여기는, 표 계산하는 이들의 욕심 때문이다. 지구촌 온갖 얼굴색이 다 모여 웅성거려 볼거리가 되니 국민 환심 사기엔 이보다 좋은 일도 드물다. 더구나 지방 도시로서는 대회에 묻어오는 떡고물을 물리칠 수 없다. 많은 국가 보조금으로 경기장과 도로정비를 비롯해 도시기반 시설을 확충하는 절호의 기회가 되기 때문이다.

이렇듯 국제스포츠 대회에는 돈이 춤을 춘다. 시쳇말로 '전錢의 전쟁'이라 해두자. 친선 도모니, 국제 평화니, 스포츠 제전이니 하는 거창한 말의 뒤엔 훨씬 거창한 돈이 움직인다. IOC(국제올림픽위원회)나 FIFA(국제축구연맹)며 IAAF(국제육상경기연맹)와 같은 스포츠대회를 주관하는 단체의 위세는 대단하다. 돈 다루는 데도 윤리적 결함을 허가받기라도 한 것처럼 뻔뻔스럽고, 숫제 다국적 기업의 얼굴을 한다. 스포츠 마피아란 이름을 달고 다니는 이유다. 그런데도 천연덕스러운 얼굴로 대회 개최지 선정이란 미끼를 휘두르며 각 나라의 정치가들을 부추기고 경쟁시킨다. 막대한 이권으로 전리품을 챙긴다. 개최지는 죽 쑤어 남 퍼주고는 자칫 피멍이 든다. 경험을 통해 체득한 국제스포츠대회의 메커니즘 앞에 우울했다. 나도 모르게 '전錢의 전사'로 나부댄 내 얼굴을 대했기 때문이다.

유니버시아드는 대학생 선수의 대회다. 세인의 관심이 좀 떨어진다. 올림픽이나 월드컵, 육상선수권대회와 같은 유명세가 있는 대회에 비해서 그렇다는 이야기다. 그럼에도 올림픽과 같은 종합대회란 이름값이 있어 개최지를 세계에 알리려는 도시로서는 구미가 당긴다. 일정은 이미 정해진 일, 어영부영할 여유가 없는 상황으로 처음부터 내몰렸다. 방대한 일도 일이었지만 부서 간의 손발을 맞추고 마음을 합치는 게 더 어려웠다.

조직위원회는 짜깁기 조직이다. 중앙과 지방자치단체, 체육 단체 등 여러 곳에서 차출된 인력이 모인다. 개최 도시인 대구시의 인력이 가장 많았고, 도시의 이름이 걸린 일이니 준비의 주된 책임도 떠안았다. 서로 다른 조직문화의 사람들이 모였으니 각자 특기를 가진 외인부대의 집합 같았다. 잘 섞이고 어울리면 맛을 내지만 그게 안 되면 맛은 고사하고 못 먹는 비빔밥이 될까 싶었다. 중앙부처나 단체에서 내려온 사람을 외인부대라고 내가 퍼부어댄 일이 생겼다. 풀리지 않는 일에 감정을 가누지 못해 던진 말이었다. 서로 다른 입장의 충돌이 잦았다. 뛰어난 인력도 있었지만, 마치 바람 쐬러 지방에 내려온 양 여기는 엉뚱한 인물도 있었다.

우선 앞선 경험을 익히는 게 시행착오를 줄이는 지름길이었다. 대구에 바로 앞서 열린 2001년 중국 베이징 하계유니버시아드대회와 그 이듬해 초 이탈리아 북부 알프스 산록의 타르비지오에서 열린 동계대회를 참관했다. 현장을 체험하는 기회는 되었으나 정작 필요한 자료는 손에 넣을 수 없었다. 베이징은 정보를 공유해도 되련만 건성 내미는 홍보물 같은 것뿐이었다. 공산주의의 닫힌 얼굴과 거대한 개막식의 일사불란한 전율에 숨이 막히려 했다. 타르비지오에서는 FISU(국제대학생스포츠연맹)측과의 업무 협의가 목적이었고, 내내 눈 속에 파묻힌 채 설산에 산다는 거인 같은 연맹 관계자의 얼굴만 살폈다.

후쿠오카를 찾았다. 1995년에 개최한 대회의 몇 가지 자료를 부탁해두었더니 요구하지도 않은 것까지 챙겨놓고 있었다. 경기장의 설계 도면마저 필요하다면 복사해 주겠다고 했다. 7년이나 지난 자료를 문서 보관소에서 일일이 찾아내 며칠이나 작업한 것이라 했다. 삿대질해대는 사이지만, 그쪽의 얄밉도록 친절한 얼굴이었다. 그 뒤 대회 당시의 사무총장과 나와 같은 위치에서 일했던 시의 관계자를 대구로 초청하여 경험담을 듣는 자리도 마련했다. 그때 현직이었던 시 관계자는 강사수당을 받지 않았다. 외국인데 뭐 어떠냐 했지만, 공무의 출장이고 봉급 받는 일에 포함된 업무라 그렇다고 했다. 당황스러웠다. 대회 조직위원회에서 근무하는 자체로만 적지 않는 수당을 받는 일로 우리는 시끄러웠다.

조직위원회는 신접살림처럼 생경하고 채워야 할 것이 많았다. 수당에 욕심을 낸 건 신설 조직의 태생적인 문제였다. 한시적 조직에 시한부 일이라 업무 강도가 높았다. 여기에다 파견 나온 직원을 집 나간 자식처럼 푸대접하는 인사 관행으로 희망자가 적었다. 하여 적지 않은 별도의 수당이란 당근으로 사람을 불렀다. 어쩔 수 없이 용병의 얼굴을 만든 셈이었다. 파견은 싫고 당근에 배 아파하는 사람들 탓도 있었지만, 서울올림픽에서부터 이어진 폐습 같은 곤혹스러운 일이었다.

돈주머니의 무게를 먼저 재는 뒷골목 건달 같은 게 국제 스포츠계다. 그 속성을 벗어나지 못했음이랴. 몇 년 전에 FIFA의 수장이 되어보려 나선 우리나라 스포츠계 지도자가 있었다. 사마귀에 잡힌 것처럼 힘 한번 못 썼다. 개혁하겠다는 그분 나름의 명분과 국제 축구계에서의 작지 않은 이력의 힘도 있었지만, 내심 달걀로 바위 치기가 될 거로 나는 여겼다. 건달들을 겪어본 감각이었다. 옛 인디언 거주지역이었다던 미국 콜로라도 스프링스 시에서 열렸던 세계경기연맹연차 총회장이었다. 입장하던 사마란치 IOC 위원장 하며 각 경기단체 회장은 왕의 거동 같았다. 도전을 허용치 않을 힘을 뿜어댔다. 그랬던 이들이 전설 같은 돈 보따리를 쥔 FIFA 회장 자리를 하물며 동양인에게 어찌 내줄 수 있었으랴.

국제스포츠 대회는 여전히 성업이다. 경제 위기라며 세상이 요동을 쳐도 그대로다. 대구유니버시아드대회는 북한 미녀 응원단도 데려와 민족화해란 상표도 하나 더 붙였다. 흥행 전표였다. 국제 스포츠 단체도, 참가국도, 개최도시도 인류 평화란 거창한 구호를 앞세우지만, 사실은 얼굴 내고 주머니 채우는, 서로 처지가 다른 외인부대의 모습이다. 점잖게 스포츠마케팅이라 부른다. 화려한 개막식, 폐막식

때마다 흘리는 언약대로라면 이 지구란 땅에 전쟁은 오래전에 없어졌어야지 않은가.

그렇다. 모두 외인부대였다. 운동에 젬병인 내가 국제스포츠대회 운영의 한 역할을 해내며 이르게 된 경험적 결론 같은 것이다. 그 부대들이 풀어놓은 수많은 용병의 얼굴을 대했고, 나도 용병의 노릇을 뼈가 아프도록 해내었다.

옛적 올림피아제전이 있었다. 제우스신에게 올리던 제의 의식에서 행하던 경기 대회였다. 쟁패를 다투던 그리스 도시국가 간의 전쟁을 피하려는 암묵적 합의였다. 그 체전이 오늘까지 이어질 줄이야. 활과 창을 평화란 이름으로 감추고 몸으로 때우는 육박전에 인류는 열광한다. 몸의 한계를 시험이라도 하듯 하는 싸움질이 태생적으로 타고난 인간의 유전 형질일까. 땅 빼앗기는 메달 빼앗기로 바뀌었고, 금화의 약탈은 거대한 뭉칫돈의 수금으로 바뀌어 곳곳에 체육대회의 깃발을 꽂는다. 어쩌면 전쟁의 대리 욕구로 몰려다니는 인간, 호모사피엔스만이 지을 수 있는 묘한 얼굴 아닐까? 억지 평화라도 담보된다면 그나마 좋은 일 하나 만든 셈이다.

세계를 부르고 있는 평창, IOC와 나눌 전대가 무거워지기를. 어차피 외인부대들이 펼치는 몫의 싸움 아닌가. 잘 보이도록 연지곤지도 찍어야 하지.

(2017. 1.)

어머니 이삿짐

짐 내리는 소리가 철길 떠나는 객차처럼 울린다. 4층 베란다 창턱에 걸친 사다리차의 짐받이가 너덧 번 오르내리자 일은 끝이 났다. 큰 가구와 자질구레한 세간으로 나누어 두 대의 차에 실린다. 어쩐지 짐 모양새가 거칠고 엉성하다. 함께 탄 가족 없이 떠나는 짐차 위로 매미 소리만 턱없이 요란하다.

망연히 생각에 잠긴다. 수많은 여름이 물러가고 왔다. 아버지의 결기 하나로 대구로 이사 온 것은 1960년대가 끝나는 해의 늦봄이었다. 그때 나는 동생들과 대구에서 자취하며 대학에 다녔고, 할머니가 뒷바라지를 해주시곤 했다. 고향 떠나기가 어찌 쉬운 일이랴. 평생 직업이었던 교직도 던져버리고, 조상대대의 논밭마저 다 처분하면서까지. 친구가 하던 사업에 동업하는 모양새로 자리를 얻었다. 지금 생각하니 아버지로서는 인생 도박에 나선 일이었다.

그땐 사람들이 도시로 몰려가기 시작하던 시기였다. 그래야 잘 살

수 있다고 했다. 집안 어른들은 좋은 직장과 남부러울 것 없는, 적지 않은 토지를 버리고 왜 그러느냐고 했다. 자식들의 장래를 위해 잘되었다는 말도 분분했다고 한다. 이삿짐은 지산동 산기슭에 부려졌다. 그때는 벽촌이나 다름없는 대구의 오지였다. 양계업을 하는 한 축산회사의 사택이었다. 말이 사택이지 언덕 베기에 블록으로 쌓아 올린 허름한 집이었다.

누대의 손때가 묻은 농사꾼 살림의 해체였다. 버렸다는 짐조차 들일 곳이 없어 또 버려야 했다. 고가구, 세간, 서책 하며 지금 셈하면 아쉬워할 만한 물건들이 그때 무심히 버려졌다. 사랑채의 배꼽마당조차 넓기만 했던 동네 한가운데의 큰 기와집에서 난데없는 곳으로 왔으니 잠이 왔겠는가. 어머니가 며칠 지나고는 속은 것 같다고 아버지에게 말을 했다고 한다. 나도 뭔가 심상치 않게 불안했다.

대구농림학교를 나온 미련이었을까. 아버지는 나름대로 축산 사업에 뜻을 품었던 것 같았다. 뒷날 생각해보니 그랬다. 그러지 않고서야 전업을 그렇게 쉬 결심하셨을까 싶다. 그런데 이미 기울어진 회사였는지를 몰랐다. 퇴직금과 땅을 처분한 재산을 전부 투자한 뒤였으니 어쩌랴. 몇 년 죽을 고생을 하며 후회스러워하시던 모습이 지금도 선하다. 겨우 양계단지의 계사 한 동, 200수 정도의 닭이 남았다. 달걀 팔아 몇 년 힘겹게 살았다.

척박했던 비탈을 벗어나 두 번째 이사를 했다. 내가 대구시의 공직을 시작한 다음 해(1974년) 초봄이었다. 신암동 옛 철길 터의 도로변에도 봄볕이 따사로웠다. 짐이랄 게 없었다. 양동댁(할머니의 택호) 큰아들 대구에 가서 다 망했다는 소문이 촌마을에 자자할 때였다. 다시 시작한 운동기구 제작 사업에 힘을 쏟았고 외국에 수출길이 트였다. 몇 년 뒤 공장 사옥을 다시 짓고, 집도 새로 지어 이사를 두 번 더 했다. 경주의 고향을 떠나올 때보다도 훨씬 큰살림이 되었다. 이번에는 성공했다고 부러워했다.

나라 살린다며 사람들이 금붙이를 내놓던 그해(1997년), 다섯 번째 이곳으로 이사를 했다. 신천 변 풍광이 내다보였고 아파트 경내엔 자목련이 지고 있었다. 한 해 전에 아버지는 일을 접었다. 체력의 한계에다 사업 환경이 전만 같지 못했다. 이번에는 다시 많은 짐을 버렸다. 이십여 년 사업에 쌓인 짐 정리였다. 거추장스러움을 들고 난 후의 두 분은 아쉬움이 역력했지만 애써 편안한 모습을 지으려 했다.

몇 해 후 어머니는 어버지를 폐렴으로 보내시고 15년을 혼자 더 사셨다. 찾아뵙고 나올 땐 베란다 창가에서 내려다보며 손을 흔들곤 했다. 사람이 그리워서였다. 살다가 맺힌 멍을 어쩌지 못해 소식 뜸한 자식 하나 원망은 했지만, 홀로 살고 싶어 했다. 들를 때마다 나는 기껏 한 시간도 채 머물지 않았다. 그러면서도 어머니의 심사를 다 헤아리는 양했다.

여섯 번째 이삿짐을 마주하고 있다. 아버지의 짐도 이제야 같이 떠나보낸다. 짐 받을 사람이 없는 이사다. 호랑이 한 마리가 나를 뚫어지게 쏘아보며 짐차에 올라타 있다. 액운을 물리치는 효험이 있다며 거실에 걸어놓았던 그림이다. 저세상에서도 두 어른 살펴 달라고 말을 건넨다.

담관염으로 대학병원에서 수술을 받았지만 고령이라 완치가 어렵다고 했다. 요양병원으로 옮겨 누웠다. 찾아뵈러 가는 일이 갈수록 괴로웠다. 바라만 볼 뿐이었다. 병실 문을 나서면 지푸라기처럼 텅 빈 육신으로 누운 채 손을 흔들었다. 나도 같이 흔들며 머뭇댔다. 어머니는 외로움과 고통의 알림이었고 나는 어찌해 볼 수 없는 답답함과 연민의 알림이었다. 가족들 저마다 아프고 난감한 시간을 보냈다.

두 번째 초록 잎이 무성해진 날, 의사가 보호자를 찾는다는 연락이 왔다. 염증 수치가 갑자기 높아졌다고 했다. 이번에는 중환자실로 옮겼다. 치료는 하지만 항생제 내성으로 고통만 심해진다는 말을 했다. 두 번이나 재발하여 고생했던 터였다. 살지도 죽지도 않는 치료라는 말이었다. 에둘러 하는 말의 풀이가 서로 복잡했다. 세상에 난감한 일이 많다지만 이보다 더할 때가 있을까. 고통을 적게 해달라는 같은 말만 할 수밖에 없었다.

산소 호흡기를 단 채 비몽사몽의 사흘이 지나고 있었다. 그날, 마지막이 된 붉은 해가 지고 늦은 저녁 더 가쁜 숨을 몰아쉬시더니 잿불처럼 사그라져갔다. 눈가엔 옅은 눈물이 비쳤고, 잡은 내 손에 한 순간 더 힘을 주시더니 풀어졌다. 그렇게 이승의 끈을 놓으셨다. 애달픈 침묵이었다.

집 앞을 빠져나가는 짐차의 뒤를 멍하니 바라본다. 덜컹대는 차 옆구리에 폐기물 처리업체의 이름이 적혀있다. 밥그릇도 물그릇도 다 실려 가는 아흔두 해 삶의 흔적, 여섯 번째 이삿짐의 행방이 허망하다. 어머니가 창가에 서 계시는 모습이 눈에 아른거린다. 두 분이 짐을 만들고 없애가며 주고받았을 숱한 말도 실려 갔다. 아버진 이제야 오는 당신과 어머니의 짐을 받을 수 있으려나. 두 어른과 만난 인연의 무게에 눈시울이 젖는다.

산다는 일이 무엇이려나. '버리고 떠나기,' 한 스님의 글귀를 떠올리며 받을 곳 없는 짐의 덧없음을 마주한다. 마음을 곧추세우지만, 내 손엔 유품이라며 내내 갈무리하지도 못할 어머니의 공책 한 권 들려있다. 외로워서, 치매에 안 걸린다고 해서 쓰고 또 쓰고 한 한자 공부의 흔적이다. 버리지 못하는 인간의 굴레에 나도 속절없이 갇힐 모양인가. 어머님, 잘 가십시오.

(2017. 8.)

나 몇 살이라고 해야 하지?

늦은 밤 공원은 텅 비어간다. 가랑잎 서걱대는 소리가 요요한 적막을 밀친다. 떨어지는 잎들이 뒹굴며 쓸려가는 걸 묵연히 바라본다. 낙엽 밟던 사람의 소리도 잦아지고 성글어진 가지 사이로 별빛이 아롱댄다. 이슥해진 모양으로 앉은 벤치도 서늘하다. 깊어가는 가을밤에 어이 쉬 잠을 자랴.

한차례 흔든 바람에 잎들이 소릴 지른다. 내 얼굴을 스치며 떨어져 내리는 잎들의 의미를 잰다. 떨어지는 건 잎뿐일까. 잎에 붙어 있던 시간도, 시간을 물고 있는 하늘도, 하늘에 박힌 무수한 별도 떨어져 내리는 것 아닌가. 저쪽 희미한 외등 빛무리 사이로 시간이 너울댄다.

떨어지는 우주정거장으로 소란 떨던 일이 떠오른다. 혹시 사는 아파트를 내리칠까, 길 걷는 내 머리 위로 떨어지지는 않을까 싶어 조금씩은 사위스러웠다. 그 불안의 정체는 뭐였을까. 하늘에 도전하는 인간의 솜씨에 대한 미심쩍음이었으리라. 밤마다 무수한 별똥별이 떨어지건만 불안해했던가. 때로는 우주 쇼라며 환호를 했다. 혜성이 지구와 충돌한다는 말이 있어도 설마 하거나 먼 미래의 있을 법한 일로 여긴다. 하늘의 질서에 오랜 세월 순응해온 믿음 때문이 아닐까.

떨어지는 한 잎 낙엽에 붙은 우주의 소리를 들을 재간이 없다. 인간이 하늘을 난다며 비행기를 만든 지 백 년 좀 지났다. 시로만 읊든 달에 발 디뎠고 태양을 도는 먼 행성까지 가보려 바동대지만, 광대무변의 우주에 견주면 덧없는 짓 같다. 그래도 인간이란 짐승은 덤벼든다.

137억 년 전 암흑의 허공에 대폭발이 있었다. 빅뱅이라 인간이 이름 붙인 우주의 탄생이다. 밤하늘을 쳐다본 신비로움을 도무지 알 수가 없었으니 그건 종교나 신화의 이야기가 되었다. 어느 종교에서는 6천 년 전에 신이 우주와 지구를 창조했다고 믿었다. 지구가 생각해 오던 것보다 훨씬 오래전에 생겼다는 사실을 깨닫기 시작한 것은 18세기에 들어서서였다. 적어도 수백만 년은 된다고 지질학자들이 입을 열었다. 금세기가 되어서야 빅뱅의 시간을 어림했다.

행성에 표류한 인간이 있었다. 영화 이야기다. 우주에 관한 이야기는 제목을 뭐라 하든 재미가 있다. 천신만고 끝에 지구에 돌아오지만 사람들은 자기를 알아보지 못한다. 갓난아기였던 손녀는 호호백발

할머니가 되어 있었다. 지구상의 시간과 우주의 시간 흐름이 다르기 때문이다. 우주선의 속도가 광속에 가까워지면 우주선 안의 시간은 느리게 흐른다고 한다. 그 안의 일 년이 지구에서는 몇십 년이 될 수도 있다니 말문이 닫힌다. 몇억 광년 거리의 별이란 곳은 빛의 속도로 그 몇억 년을 가야 도착할 수 있다는 곳이다. 불초 소생들에겐 불가해다. 빛이 흉내도 낼 수 없는 속도의 그 무엇이 있어야 우주여행이란 이름표를 붙일 수 있지 않겠는가.

친절한 천문학자 한 분이 우주의 역사 137억 년을 1년으로 환산한 달력을 내놓았다. 빅뱅을 1월 1일 자정으로 하고 현재를 12월 31일로 하였다. 5월에 은하계가 형성되고, 9월에 지구가 속한 태양계가 생겼다. 마지막 달 12월에야 지구의 지표가 굳어지며 형태를 갖추기 시작했다.

12월 14일 드디어 해면동물이 출현했고, 19일에 육상식물이 나타났다. 22일에 개구리 같은 양서류가 생겼고, 25일에 공룡이, 26일에 포유류가 등장했다. 27일엔 지표가 크게 흔들린 판게아 대륙이동이 일어났다. 28일에 꽃이 나타났고, 29일 공룡의 전성기였다. 30일 공룡이 멸종했고 바다 포유류가 땅에 진출했다.

드디어 12월의 마지막 날 31일이다. 10시 15분에 유인원과 원숭이가 분화되었고, 침팬지와 인간의 분화는 저녁인 20시 10분에 일어났다. 21시 25분에 인간의 직립보행이 시작되었고, 22시 30분에 두뇌가 커지며 지능이 발달하기 시작했다. 23시 52분, 자정을 8분 남겨두고 현생 인류의 형태로 진화했다. 23시 56분 현생인류 호모사피엔스가 발원지였던 아프리카 동부를 떠나 세계로 흩어진다.

드디어 초 단위 카운트다운이다. 23시 59분 6초에 마지막 빙하기가 있었고 36초에 인간이 농업을 하며 정착 생활을 시작했다. 51초에 메소포타미아, 이집트, 인도, 중국에 고대왕조가 출현했다. 단군 할아버지의 고조선도 이때였다. 54초에 석가모니가 탄생했고, 56초에 예수가 탄생했고, 59초에 콜럼버스가 신대륙을 발견했다. 24시 현재 인간은 이 땅의 영원한 패권을 쥔 양 턱없이 거들먹거린다. 수많은 종을 멸종시키고, 서로 살육을 하기도 춤을 추기도 하며 4차 산업혁명이 어떻고 하며 복닥댄다. 나는 2018년 11월 2일 24시 공원 벤치에 앉아 떨어지는 잎을 바라보며 삶에 의문을 던지고 있다. 내 생일날이다.

밤 고양이 한 마리 눈에 불을 켜고 서성대다 사라진다. 금요일, 주말이라 느긋하게 잔이라도 잡았는지 엉키는 걸음으로 한 남자가 건너편 길을 지난다. 두 아낙이 속삭거리며 내 앞을 지나간다. 모두 일주일의 시간표를 마감하고 집으로 가는 것이다. 인간은 기원전 2천 년 메소포타미아 사람들이 만든 7일 주기 요일에 맞추어 4천 년을 움직여 왔다. 하루는 24시간, 1시간은 60분, 1분은 60초, 바로 60진법이다. 그때의 천문 지식으로 행성을 7개로 파악하고 그에 맞추어 요일을 만들었다고 한다. 태양과 달을 포함해서다.

그때 태양계의 행성을 다 알 수 있었다면 어떻게 되었을까. 요일 수도, 시간 길이도 달라졌고, 인류는 다른 길을 걸었을지도 모를 일 아니던가. 우주에는 천억 개 이상의 은하가 있고, 지구가 속한 은하는 지름이 10만 광년이고 태양과 같은 항성이 약 천억 개가 있다고 한다. 대체 우주엔 별이 몇 개며 얼마나 큰 것인가. 우주의 시간을 여전히 메소포타미아 시절의 시간 잣대로 잰다는 것이 온당한 것인가.

한차례의 바람에 다시 나뭇잎이 우수수 떨어진다. 가을바람에 쌓인 세상의 나뭇잎 숫자가 별만큼 되려나. 나는 지금 의자에 앉은 채 46억 년 나이의 지구와 함께 시속 1,670킬로로 팽이처럼 돌고 있고, 시속 107,320킬로의 속도로 태양을 돌며 우주 공간을 떠돌고 있다. 멀미 한번 하지 않고 말이다. 아득한 137억 년, 이쪽 끝 지점의 한순간에 선 같은 사람 아닌가. 아브라함도, 람세스도, 단군도, 탕왕도, 석가도, 예수도, 소크라테스도, 알렉산드로스도, 진시황도 이제 보니 그냥 형님뻘이다. 맞터놓고 지내자고 하면 눈 불쓸 텐가. 그들도 보았을, 수만 년, 수억 년 전에 출발했을 별빛과 말 주고받으며 떠다니는 나는 도대체 몇 살이라 해야 하나?

(2018. 11.)

은행잎 날리는 날

카페라테 한 잔씩 앞에 두고 마주 앉았다. 말없이 쳐다만 봐도 서로 심사를 짐작하는 눈치다. 함께 찬바람 맞받으며 교정을 한 바퀴 돌아 나온 몸이 안온해진다. 오래전 사람이고 만나본 지도 몇 해나 되건만 낯설지 않다.

얼굴에 쌓인 시간에 풍화되어온 삶을 서로 읽는다. 어림셈을 해보니 내 삼십 대에 들 무렵이다. 그때 같은 부서에서 일하다 헤어진 후 걷는 길이 달랐다. 그동안 서너 번 조우했을까 싶고, 전화로는 소식이 더 닿은 것 같다. 서너 해만일 때라도 늦가을 은행잎 날리는 날에 불현듯 연락이 왔고 답 말을 건넸다. 마모된 세월을 온전히 드러낼 수 없지만 나와 닿은 그녀의 편린을 찾으려 기억을 헤집는다.

남녀가 어울리는 걸 더 가리는 시절이었다. 그땐 직장 사람끼리 산에 자주 올랐다. 제 볼일 제쳐두고 위의 뜻에 매여 일사불란한 척해야 하는 걸음일 때도 많았다. 그게 사무실 밖에서 얼굴 보는 드문

기회이기도 했다. 낡은 사진첩 속의 사진 한 장, 그녀가 내 옆에서 함께 웃는 곳은 주흘산으로 기억된다. 또 한 번은 사무실 근처의 찻집에서다. 반공일날이라며 오전만 일했던 토요일인데도 나머지 공부하듯 잔무에 시달리다 함께 퇴근하면서 들렀다. 그때 뉘엿뉘엿 넘어가던 가을 노을이 유난히 붉었다. 며칠 후 둘이서 붙은 듯 걸어가는 걸 봤다는 소리가 시샘인 듯 돌았다. '일 끝이었는데 웬 말들을.' 하면서도 혼자 으쓱했다.

십 년이 두 번도 더 흘렀다. 얼굴이 가물거릴 때쯤이면 닿게 되는, 은행잎 날리는 날의 한 통화가 기억을 붙들어 놓곤 했다. 내 오십 초반이었던가. 불쑥 연락이 와 본청인 내 일터 인근 식당에서 저녁을 함께했다. 일하고 있던 곳에서 신분이 바뀌는 일을 앞두고 깊은 고민 끝에 문득 내가 생각났다고 했다. 그쪽으로 청을 넣긴 했지만 어려워할 일이었다. 곧바로 처리될 수는 없었고 해가 바뀐 후 뜻을 이루었다는 말을 다른 이에게서 들었다.

그러다 내가 퇴직을 앞둔 때였다. 문득 목소리 연락이 닿아 사는 이야기 끝에 내가 자주 찾는 가산산성이 말거리로 올랐다. 마침 이번 주말에 직장 동료와 그쪽 산에 오르기로 했다며 맞장구를 쳐왔다. 여자 셋에 둘러싸여 걷는 즐거움이 어디 쉬 찾아오랴. 중년의 끼를 쏟아내는 분방한 웃음이 산길을 뒤엎었다. 그녀는 줄곧 내 옆에 붙어 속살거리며 사는 일을 풀어내었다. 은행잎이며 가랑잎이 휘날리니 날을 잘 잡았다며 바람처럼 일렁거렸다. 계절을 타는 심사가 전해진다. 둘을 모르는 옆 두 여자의 짓궂은 눈짓이 나를 그녀의 숨겨놓은 남자라도 되는 양 여겨 땀을 더 흘렸다. 다시 몇 해 뒤 그녀의 때 이르다 싶은 퇴직 소식을 전해 들었다.

찻잔을 든 그녀의 얼굴에 설핏 그늘이 스치는 걸 읽는다. 켜켜이 시간을 물고 있는 얼굴에 뭔가 할 말을 숨겨 놓은 것 같다. 몇 해 전 남편의 몸이 성치 않게 되었다는 이야기를 들었는데 그 일로 인한 건가 싶어 지나치듯 안부를 물었다. 그 흔한 해외여행도 못 따라오고 하며 말끝을 흐린다. 자식 셋의 짐도 무게가 되고 있으리라 싶었다. 커피를 못 마신다는 말 뒤에 세월에 곰삭은 한 여인의 몸 상태를 짐작한다. 만만찮은 삶이 있지 않았겠는가.

달포쯤 전이었다. 페이스북에서 나를 보았다며 카톡으로 연락해왔다. 한때 거기에 푹 빠져 지낸 적도 있지만, 갈수록 허깨비와 말씨름하는 것 같은 허함에 손을 거둔 지 몇 해 되었다. 이전에 올린 내 사진을 본 모양이었다. 인근의 작은 도시에서 한 요양원의 원장이 되었다고 했다. 자랑하고 싶어 했고 내 얼굴이 궁금해졌다는 말도 슬쩍 덧붙여 놓았다. 문득 밖을 내다보다가 그녀가 한 남자를 만나 새 삶을 열던 날도 은행잎이 떨어져 내리고 있었다는 생각을 떠올린다.

이튿날 점심을 같이하자며 다시 전화를 해왔다. 뭔 일인가 의아스러웠다. 소식 닿은 지 두어 해는 되었지 싶은데 전에 없이 만나자는 말문을 열다니. 백수건달인 내게 뭔 말 붙일 거리라도 생겼는지 번잡한 생각이 들락거렸다.

요양원 뜰엔 가랑잎이 굴렀다. 직장에 다니면서 대학에도 다니고, 자격증도 따내고 하며 사는 발돋움하려 애쓴 흔적이 원장 방에 오롯했다. 그때 사무실의 밑자리에서 이만큼 이루었으니 자수성가란 말을 붙여도 괜찮을 듯했다. 둔탁하고 강단 있는 목소리만큼이나 맵찬 데가 있었다. 점심 자리가 번거롭게 될까 단출하게 국밥 한 그릇으로 마주하고 앉았다. 주섬주섬 풀어놓는 말에서 살림 모은 티가 나기도, 아닌 것 같기도 했다.

흐르는 음악이 낙엽 구르는 소리 같다. 밥 먹으면서도, 대학 교정을 거닐면서도 뭔가 할 듯했던 그 말을 기다리는데 뜻밖에도 글을 쓰고 싶다고 한다. 전연 생각도 안 했던 터라 뜬금없다 싶어 쳐다보았다. 글과는 연이 닿지 않을 사람이라 여겼기 때문이다. 몇 년 전 내 수필집 한 권을 보내주었는데 아무런 대답이 없었다. 그녀에 대한 이야기도 한 줄 적었다고 했는데도 그랬다. 그러니 글 쓴다는 말이 더 낯설다. 내 책의 글줄이 부러웠고 그런 책을 한번 쓰고 싶다고 한다. 한 대 맞은 것 같았다. 수필 강좌에 다니기도 했는데 도무지 써지지를 않는다며 허하게 웃는다.

눈망울에 아쉬움 같은 게 서렸다. 뭘 풀어헤쳐 쓰고 싶어 하는 걸까? 갈바람 상념을 털어내며 자리에서 일어섰다. 인근 역까지 나를 데려다준다며 운전석에 앉은 핫어미의 옆얼굴을 본다. 은행잎 날리던 날 그 처녀의 얼굴이 겹쳐 떠오른다. 그녀의 사무실에 작은 '은사철' 화분 하나 놓아두고 왔다. 잡아본 손이 꺼칠하고 따뜻하다.

(2017. 11.)

낯선 풍경, 낯선 사람들

호텔 창밖 풍경을 내려다본다. 밤에 흩뿌린 비에 젖은 회색의 건물들이 새벽을 밀어내고 있다. 눈 아래 바로 건너편 저층 아파트가 줄지어 있고 그 옆으로 좁은 하천이 흐른다. 날이 밝아질수록 드러나는 모양새가 그리 좋지는 않다. 첫 중국을 찾았을 때 칭다오시靑島市의 한 호텔 뒤편 모습을 은연중 떠올리며 생각에 잠긴다.

도착 다음 날 '황주축제' 개막식을 보러 갔다. 일정표에 적힌 '우성대회', '황주축제'가 뭘까 궁금했다. 도착한 날 전야제라며 잘 차린 저녁 만찬에 나온 술이 황주黃酒요, 다음날 각국의 56개 도시에서 참가한 사람들이 서로 협력방안을 논의한다는 회의가 '우성대회友城大會'였다. 단상의 현수막은 中国绍兴第2回 国际友城大会, 영어로 The 2'nd China Shaoxing International Friendship Cities Conference 로 적어놓았다. 샤오싱시紹興市가 주최하는 제2회 국제우호도시 회의라는 뜻이었다. 중국의 일을 우리말로만 적었으니 이해가 어려웠다.

술 자랑하고 팔아먹는 방법이 칭다오와 같았다. '칭다오 맥주축제'에 세 번인가 가 보았을 때도 국제행사란 이름을 붙였다. 황주가 샤오싱紹興의 대표 술이라며 만찬 때 옆자리의 시청 직원이 자랑해댔다. 마오타이주 같은 백주白酒에 대적하는, 쌀로 빚은 황갈색의 술로 향이 좋았고 맛이 당겼다. 각국의 사람 앞에 장사꾼 얼굴을 마음껏 드러내 보였다. 비 때문에 황주축제 개막식장 옆의 황주박물관을 먼저 둘러보다 궁금증이 일어 혼자 잠시 식장에 들어가 보았다. 대형무대 장식이 칭다오처럼 역시나 대륙답다 싶었다. 일행과 떨어질까 싶은 조바심으로 지켜보지 못해 아쉬웠다.

희붐한 시가지를 내려다보며 이번 여행이 얄궂다 싶다. 퇴직 후에 사적 여행이 아닌 공무로 중국에 올 줄은 생각도 못 했다. 난데없는 일 중의 하나다. 재직 시에 여러 해외도시와 우호 협력관계를 맺기 위해 나다녔다. 이번에도 대구에서 시장님이 참석했고 면이 있는 직원들도 보였다. 전에 내가 해본 일이라 윗사람 모시고 일 고심하는 심사를 읽으며 웃었다. 몇 년 전에 대구와 샤오싱이 우호도시 협약을 맺었다고 했다.

아침 로비에 일찍 내려온 일행 두어 분과 호텔 뒤를 산책했다. 뭔가 칙칙하고 공기도 좋지 않다는 말이 나왔다. 첫날 저녁 먹으면서 시 직원은 작은 도시라고 하면서도 인구는 5백만이라 했다. 환경 문제가 주 의제인 이번 회의도 이런 부분을 바꾸어보자는 뜻이 아닌가 싶었다. 우리 문인협회 일행을 크게 맞이해준 마음도 여러 분야에서 협력을 바라는 뜻이었으리라.

대구문인협회와 샤오싱시 작가협회가 문학교류의 길을 텄다. 두 단체의 대표가 교류협력서에 서명을 했다. 이것이 이번 방문의 목적이었다. 양쪽 박수 소리가 컸다. 문학도 음악이나 미술 같은 다른 예술 장르처럼 국제 교류를 통해 품을 넓혀보자는 취지였다. 그 유명한 왕희지王羲之, 노신魯迅과 같은 걸출한 문인을 배출한 곳이니 상대 도시를 제대로 택했다 싶었다. 또한 춘추전국시대 월나라의 도읍지로 유서 깊은 도시였다. 왕희지 기념관, 노신 생가와 박물관의 고색창연한 모습에서 중국의 역사를 다시 읽었다. 책에서 읽던 노신, 그의 본거지를 찾은 것이 이번 여행에서 얻은 큰 덤이었다.

대구의 자매도시인 칭다오시와도 문학교류는 없었다. 내 업무 파트너였던 외사판공실의 한국담당 장찌엔꿔張建國 씨, 이름 하나 거창했다. 김일성대학에 유학했다는데 한국어가 유창했다. 처음 김정은의 육성 목소리를 들었을 때 이 친구의 목소리가 연상되었다. 걸걸한 톤이 닮았다 싶었다. 그때 문학교류에 대해서도 논의한 적 있었으나 말로 그치고 말았다. 그만큼 어렵다는 방증 아니겠는가. 음악이나 미술처럼 오가며 행사를 할 수 있는 실체가 없다는 것이 어려움이었다.

이번 일의 교섭을 맡은 대구의 중국문화원 일 맵시가 야물지 못했다. 입 다물고 있어도 되련만 옛 직업의식일까. 서툴기만 해 협정서 체결하는 일에 입을 댔다. 잘못되면 우리 쪽 체면 깎이는 일이 되기 때문이었다. 임원으로 따라 온 자릿값은 해야 하나 싶기도 했다. 앞으로 서로 오가며 그냥 밥만 먹는 교류가 되어서는 의미가 없지 않은가. 이전과 달리 작품 공유도 쉽게 이루어진다. 정보화 덕분이다. 어렵다지만 교류의 방법은 있지 않을까 싶다. 요체는 대구라는 그릇 안에서의 문학담론만으론 품을 넓혀나가기 어렵다는 것을 함께 인식하는 일 아니겠는가. 작은 상으로 키를 재기보다 노벨 문학상이라도 받을 터 잡는 일로 여기면 어떨까. 앞으론 다른 외국 도시와도 문학을 터놓고 이야기할 수 있어야 하리라.

항저우杭州 공항에서 비행기가 이륙했다. 나흘 여정을 뒤돌아본다. 모처럼 중국을 더듬었지만 여전히 낯설었다. 갈수록 더 눈 부라리며 설치는 얼굴이라 그럴까도 싶다. 걱정이 인다. 문학도 문련文聯이라는 정부조직에서 주관한다는 사실이다. 순수문학을 받아들일 그릇이 있을까도 싶고, 수틀리면 사드 때처럼 언제든지 뒤엎을 수 있기 때문이다.

샤오싱시紹興市 작가협회 주석主席 시지동斯繼東 씨, 깡마른 얼굴에 강단이 있어 보였다. 노신문학원 원장과 노신박물관 관장을 겸하고 있다고 명함에 적어놓았다. 두 단체의 만찬장에서 대구문인협회 회장과 의기투합하여 잔 돌리며 호기롭던 그의 약속을 믿어본다. 낯선 풍경, 낯선 얼굴을 많이 대했다. 그놈의 중국어라도 그때 제대로 익혀놓을 걸 하는 생각이 실없이 스친다.

(2018. 11.)

설연화雪蓮花 배달합니다

올 듯 말 듯 맴도는 봄을 찾으러 나섰다. 매일 듣는 말이 된, 그 미세먼지로 덮인 뿌연 하늘을 쳐다보며 망설인다. 걱정과 두려움의 대상이 된 지 오래다. 창까지 열어젖히고 더 넓은 하늘을 쳐다보고는 배낭을 걸머멘다. 몇 점 푸르스름한 조각하늘이 먼지를 밀어낼 것 같아서였다.

길이 질척이고 미끄러웠다. 며칠 전에 내린 눈이 여태 쌓여 있을 줄이야. 생각도 못 한 가산산성의 설경을 마주하는 희열에 들뜬다. 응달 눈밭이 제법 깊다. 자주 오르던 산을 두고 오늘은 산중의 봄꽃, 복수초福壽草를 만나고 싶어 걸음을 바꾼 터였다. 몇 년을 제철에 미적거리다 개화 시기를 놓쳐버린 아쉬움이 컸다.

산정은 눈 세상이었다. 가볍게 입은 옷을 비집고 세찬 눈바람이 파고든다. 하늘은 푸른 틈 한곳 없이 온통 희뿌옇다. 어쩌지 못할 먼지란 놈이다. 가쁜 숨을 타고 내 속을 깊이 들락거린다 생각하니 더 꺼림칙해진다. 군락지는 눈밭이었다. 꽃 보기는 틀렸다는 생각에 걸음이 무뎌졌다. 그래도 하며 길섶을 힐끔거리면서 서성댔다. 저 앞에서 사진기의 렌즈를 길게 빼낸 사람이 길섶에 초점을 맞추고 있었다. 순간 헛걸음한 것은 아니구나 싶었다.

눈을 헤치고 샛노란 고개를 내민 두 송이의 꽃을 만났다. 기뻤다. 이 꽃의 다른 이름인 '설연화雪蓮花', 말 그대로 눈 속에 피어난 연꽃이 자태를 드러냈다. 떠나보낸 정인을 만난 양 설렌다. 날씨 좀 시원찮으면 어쩌랴. 태초에 우주의 먼지에서 생겨난 주제에 내가 웬 호들갑이 이리 심한가. 봄을 차지한 기쁨에 내친김에 가산바위까지 내달렸다. 눈 쌓인 성벽 위를 걸었다. 늙은 산성은 두어 군데 무너져 내렸고, 복원 사업은 더디기만 하다. 질척이는 암벽 위의 눈길이 위태했다. 언제나 나락으로 떨어질 수 있는 삶이련만, 흰 세상의 선계를 걷는 신선이라도 된 양 잰걸음을 한다.

찍어 온 꽃 사진을 다시 본다. 한숨 단잠 끝이다. 뻐근한 무릎과 팔뚝을 만진다. 하산 길에 미끄러져 나뒹굴었다. 쌓인 눈이 아니었다면 돌무더기에 머리가 바로 처박힐 뻔했다. 들어가지 말라는 표지판을 못 본 체하며 근접 촬영하려 눈밭에 자국을 낸 벌인가 여겼다. 다리에 난 멍을 보고는 눈길에 이팔청춘인 줄 알았느냐는 아내의 핀잔에 멋쩍어진다. 허리도 욱신거린다. 공짜가 없다더니 오늘 꽃값을 치른 셈인가 싶었다.

이젤을 세웠다. 담아 온 설경의 정감이 시들기 전에 붙잡아두려 스케치를 시작한다. 몇 해 전 그려 본 게 있었으나 늘 마음에 차지 않았다. 이른 봄을 품어본다는 심리일까. 복수초를 사진으로, 그림으로 갈무리하는 사람이 많다. 눈밭 속에 피어오른 샛노란 꽃잎을 보고 있노라면 기품이 있어 보인다. 마음이 맑아진다. 보여주기만 할 뿐 욕심낼 일 없을 꽃 앞에서 나를 살핀다.

꽃을 혼자 감상하기가 아깝다. 괜히 자랑하고 싶어진다. "봄꽃 배달합니다." 여기저기 올렸다. 왜 혼자만 봄 타령하느냐는 글이 쌓인다. 내일 가도 있겠느냐는 물음도 올라온다. 개화 기간이 긴 꽃이니 사람이 꺾지 않으면 어디 갈 일 없겠지 했다. 나는 복수초가 아니고 오늘 설연화를 보러 갔다고 했다. 말을 선뜻 알아듣지 못하는 것 같았다. 비탈의 낙엽을 헤치고 그냥 핀 꽃도 애틋한 아름다움이 있지만, 눈밭에서 피어난 자태는 더 고고하고 보는 이를 숙연하게 만든다. 구경만 시키고 자랑만 하느냐는 말이 또 달린다. 알아듣지만 답하기가 어렵다. 이전부터 복수초 하나 그려달라는 친군데 초짜의 솜씨를 아무 데나 내지르기 난감해 미적대고 있다.

어제 히로시마의 이노우에井上가 메일을 보내왔다. 아들이 대학시험에 합격했다는 소식이었다. 올겨울 그쪽 산에도 눈이 많이 내렸다는 말도 적어놓았다. 복수초를 보내주고 싶었다. 축하의 뜻으로 제격인 꽃 사진 선물이 되었다. 소설을 쓰겠다며 도쿄의 일본대학 예술학부 문예학과를 택했다고 한다. 실랑이를 많이도 했다며 아쉬움을 드러냈다. 축구를 좋아한다고 들었는데 의외였다. 늦게 장가를 가서 얻은 외아들로 어릴 때 우리 집에도 데리고 왔던 녀석이다. 무라카미 하루키村上春樹와 같은 작가가 될지도 모르는 일 아니냐며 추임새를 넣었다.

왜 자꾸 자랑을 하고 싶을까. 다시 몇 군데 더 꽃을 흔들었다. 그런 거 있으면 같이 다니면 덧나나 한다. 이 꽃을 보러 갈 땐 혼자여야 한다. 눈을 헤치고 고개 내민 여린 꽃잎을 숨소리도 없이 지켜보아야 제대로 볼 수 있어서이다. 사진으로 담아 온 설연화만으로도 방에 봄기운이 가득하다. 올해 꽃 복이 있을 예감이다. 곧 온 산하에 봄꽃이 만개하리라. 행장 꾸릴 준비를 해야겠다.

(2017. 3.)

〈세월〉/ 캔버스에 오일 93×66㎝/ 하재열

울어대는 하늘 바람에 나는 떠내려갔다.

풀빵 오찬

단돈 천 원을 건네고 빵 다섯 개를 넣은 봉지를 받아 들었다. 아주머니의 머리카락은 비닐 칸막이 틈새로 칼끝처럼 치는 바람에 푸석하게 날렸고, 내 손바닥엔 따스한 온기가 스민다. 점심때가 지난 지라 출출했다. 집에까지 몇 걸음을 참지 못하고 한 입 넣었다가 뜨거운 팥소를 삭이느라 입을 오물거린다. 맛 덩어리가 추억 덩어리를 불러낸다.

집 앞 한길의 횡단보도 옆엔 늘 작은 트럭 한 대는 서 있다. 여러 아파트 단지로 들어가는 길목이라 목 좋다는 곳이다. 사과나 감귤 같은 과일 행상이었는데 풀빵 장수는 이번 겨울 들어 마주하는 풍경이다. 사람들이 풀빵이라고 하지만 나는 국화빵이라 부른다. 집 나갈 땐 스쳐 지나고 마는데, 엷은 햇살마저 바람에 날리는 해거름 귀갓길엔 지나치려다가도 붙들린 듯 멈출 때가 있다. 파고드는 추위에도 웃어젖히는 수수한 얼굴은 그대로 억척 아줌마다. 다섯 개 아니면 많아야 열 개다. 한 번에 다 먹지도 못하지만, 식탁 위에다 올려두면 그리움 같은 것이 번진다. 밀려오는 한 움큼의 향수다.

중학교 때 시골에서 경주로 통학을 했다. 방과 후 열차 시간까지의 틈새에 시내를 어슬렁대기도 했는데, 흘러나오는 빵 냄새에 홀렸다. 황남빵이나 찐빵이란 놈도 떠오르지만 기억은 값이 아래였던 국화빵에 머문다. 내가 굳이 국화빵이라 부르는 것은 그때의 이름이 그러했고, 여태 매여 있는 오랜 애착 때문이다.

그 시절 어찌 그걸 사 먹을 형편이 되었겠는가. 공납금과 책값, 차비만 있으면 되었고 별도 용돈이란 건 개념조차 없었다. 차비란 것도 한 달 치를 미리 구하여 지니고 다닌 '패스포트'라는 종이 증표였을 뿐 주머니엔 동전 한 잎 구르지 않았다. 그 빵 냄새는 여드름 덕지덕지 달고 다니던 학생을 절망시키는 마법의 냄새였다. 그런데도 용했다. 어슴푸레하지만 서너 번 친구들과 킬킬대며 빵을 먹었던 것 같다. 검푸른 팥소를 감싼 국화꽃 문양에서 피어나는 고소한 냄새의 기억 때문이라 여긴다. 내 빵값은 가슴 콩닥대며 아버지에게 참고서값을 부풀려 받아낸 것이었다.

오늘 길목에서 받아 쥔 풀빵 한 봉지가 푸근하다. 명절이나 제사 때의 떡만 알았던 시절, '빵'이라는 이름으로 처음 만났던 맛이었다. 그때의 국화빵엔 내 빵 맛의 연원과도 같은 정감이 배어있다. 어림해도 오십 년은 훨씬 넘긴 맛이요 냄새다. 책의 글줄보다도 더 까까머리의 머릿속을 비집고 들어오던 빵이다. 그런데 언제부터인가 웬 '풀빵'이라는 이름으로 불리며 내 지난 세월의 한 토막을 아렴풋하게 하는지 서운하다. 풀빵, 다분히 하대하는 부름인가, 아니면 사는데 서툰 이들의 친구 같은 부름인가?

봉지에서 한 개씩 꺼내먹으면 식은 채로도 맛이 난다. 딸애는 아예 제 먹을 게 아닌 양 제쳐놓는다. 다른 것도 수북한데 하필 풀빵이냐고 한다. 그렇다, 갈수록 집에 붙박일 때가 많아지는 내 주전부리로 아내도 딸애도 무시로 빵이며 과자를 사 들고 와 쟁여놓는다. 정말 맛 나는 것들이다. 요즘 별의별 맛으로 사람들의 입을 차지한 먹거리가 얼마나 많은가. 어디 풀빵에 비할 바 있으랴. 그러나 식은 풀빵을 넘기며 가끔은 돌아가 보고도 싶은 그때 겨울의 바람과 햇살과 사람 냄새를 함께 넘기고 있는 것을 어찌 오늘 아들과 딸들이 헤아리겠는가.

구워놓은 것이 없었다. 목 좋은 곳이라지만 시원찮은 모양이다. 열 개를 달라는 내 말을 듣고서야 굽기 시작한다. 앞에 붙어 서서 지금껏 건성으로 대했던 굽는 일을 비로소 눈으로 본다. 차량 옆구리엔 '국화빵'이라 크게 써 붙인 빛바랜 천 조각이 풀빵 아니라며 시위하듯 너풀댄다. 원판의 빵틀에 파인 열두어 개의 구멍에 묽은 밀가루 반죽을 주전자로 부어 넣는다. 가장자리가 노릿해지자 팥소를 작은 숟가락으로 떠 넣는다. 손이 저울 수준으로 그 양이 어김없다. 갈고리 같은 쇠막대를 잡은 손이 바쁘다. 가장자리부터 익어 들어오면 재빨리 한순간에 뒤집기를 하여 구워주어야 하는데 그 시간이 맛을 좌우한단다. 뒤집기 한 윗면에 갈색 국화꽃이 오롯이 피었다. 덜 구워도 너무 구워도 태깔이 잘 나오지 않는다니 손 솜씨이다. 그 손가락에 아주머니의 푸념에 섞여 있었던 성치 않은 남편과 둘 아이의 얼굴이 매달린 듯했다.

그렇게도 잔손질을 거친 빵의 마무리 행로가 허하다. 애쓴 보람도 없이 허름한 흰 종이봉투에 담아 쑥 내민다. 개체로의 존재감은 드러내 보지도 못하고 한 묶음으로 찬바람을 맞는다. 빵값은 앞 엉성한 골판지 상자에 넣으라고 한다. 반죽 물에 젖은 장갑 낀 손으로 돈 추스르기 어려워서인 것 같기도, 몇 푼 안 모인 상자를 들여다보기 싫어서 그런 것 같기도 했다. 열 장도 채 안 되는 천 원짜리가 끝물의 낙엽처럼 흩어져 있다.

그저께 저녁엔 서녘에 걸린 초승달이 깨어질 듯 차가웠다. 그렇게 추운 날은 쉴 만도 하건만 여전했다. 종일 오도카니 사람 기다리는 강태공이었다. 군것질거리가 흔치 않았던 지난 시절엔 이처럼 빵틀을 차에 싣고 이곳저곳 기웃거릴 일도 없이 지금보다는 잘 팔렸으리라. 까까머리들의 빵 추렴에 서너 개는 더 얹어주기도 하던 골목길 옛 아주머니 얼굴이 어렴풋이 스친다. 함께 간 한 친구의 고모라는 건 뒤에야 알았다. 트럭에 올라앉은 이 아주머니는 유랑의 몸일 것임에도 당장은 어찌해볼 수가 없어 보인다. 새 벌이의 물때를 찾아 떠나고 싶다고도 했지만, 그 흔들림이 애틋하여 이따금 말 걸기를 해보곤 했다. 내미는 손이 갈수록 줄지만, 영 꺾이고 말 빵은 아니라는 헛갈릴 말도 하면서.

수 없는 빵 맛이 넘쳐난다. 번듯한 제과점과 죽순처럼 돋아난 커피집의 온갖 맛들에 발길을 잡힌다. 이곳의 젊은이들은 풀빵에 정을 주는 지금의 나처럼 오십 년 뒤에도 정을 줄 빵이 있으려는가. 풀빵에 쌓인 내 세월이 끊어질까 조바심이 인다. 살면서 큰 이름 얻지도 못했고, 드러내 보일 일도 없는 내가 요즘 나를 뜯어본다. 끝내 무지렁이가 되어가는 지금에야 옳거니 하며 풀빵처럼 오래도록 군침 돋우는 사람으로 남겨졌으면 싶어진다.

언제나 하찮은 봉투에 담긴 채였을 뿐, 그릇에 점잖게 놓인 적이 없었을 터였다. 토마토 한 개를 구워 근사한 접시에 담고 달걀부침 한 개를 겹쳐 올린다. 그리고 풀빵 두 개를 그 시절에 이어보기라도 하듯 여백에 올려놓았다. 나 홀로 늦은 점심 한 끼의 품격을 한껏 올리는 주빈의 자태로 국화꽃 문양이 선연하다. 무던히 견뎌온 그 국화빵이었다.

(≪좋은수필≫, 2018. 2월호.)

밥그릇 춤

문을 따고 내민 안노인의 얼굴이 곰삭은 삼베 주름 같다. 도시락을 받아들고 다시 이부자리를 찾아가는 뒤뚱거림이 불안하다. 방 안에선 장마철 같은 후더분한 열기가 덮쳐 나온다. 한 줄 복도에 이어진 끝 집, 이번엔 힘에 부치는 듯 손을 내민 노인장이다. 아파트 몇 층을 오르내렸다. 현관문에 도시락 봉지를 걸어 두고 온 한 곳이 마음에 걸린다. 두드려도 대답이 없었다.

아프리카 사바나, 한 마리 사자가 초췌하게 서성거리다 홀로 무리를 떠난다. 더는 사냥할 수 없게 된 다리를 절뚝이며 돌아올 수 없는 운명을 받아들인 뒷모습이 처연하다. 초원의 덤불 어딘가에서 다른 생의 먹이로 해체된 형해의 몰골로 드러누우리라. 나는 원초적 본능이 춤추는 사바나가 좋다. 물고 물리는 끝없는 광야의 생동감에 나는 내 존재의 이유를 물을 때가 있다. 사는 일이 멍청해지려 하면, 거기 이글거리는 '동물의 세계'로 고개를 돌린다. 내가 한 짐승임을 잊어버리고 원래부터 인간이었다는 착각을 치유하기 위해서다.

밥 만드는 법을 배워본다며 일 년도 넘게 칼을 잡았다. 나날이 목으로 넘겨야 할 그 밥으로 벌이에서 멀어진 내 백수의 있음이 허해서였다. 먹기 위해 숨 쉬고 있는 것 같은 얼굴을, 멀쩡한 채 밥의 포로가 되어가는 일을 가리고 싶었다. '베이비부머 후기 인생 자아실현 프로젝트 남성 요리교실'이란 긴 제목을 내붙인 한 복지관의 강좌에서 마늘과 대파, 생강과 후추의 향을 파고들었다. 젖어오는 만족감과 안도감이 좋았다. 홀로 사냥을 할 수 있다는 원초의 자존감 아닐까. 뭘 그런 걸 하려 하느냐는 아내의 웃음 띤 힐난도 부추기는 바람이었다.

모아놓은 레시피가 두툼하다. 튀어 붙은 양념 물이 곳곳에 추상화를 그려놓았다. 몇 장의 윗면에 '도시락 봉사'라고 적은 메모가 눈에 띈다. 영세민촌으로 혼자 사는 노인을 찾아간 날이다. 설익은 풋솜씨로 도시락을 만들어 드린다는 게 처음엔 생뚱맞았다. 요리를 웬 공짜로 가르쳐 준다 싶었던 복지관의 속내에는 홀몸 노인의 밥그릇 챙기는 일도 함께였다. 스물댓 건달들이 어설픈 밥 심부름꾼으로 나섰다. 내겐 내 먹이를 스스로 마련하는 태초의 야성을 더듬어 불러내는 의식이요, 사바나의 짐승이 결코 따라 하지 못할 여분의 먹이를 만들어 사냥 불능의 동류와 나눌 줄 아는 인간임을 확인하는 일이었다.

올해 마지막 봉사 날이었다. 채 썰고, 볶고, 데쳐내며 만들어 그릇에 담아놓은 짜장의 향기가 그럴듯했다. 내 솜씨인가도 싶어 신통하기까지 했다. 도시락 한쪽에 담은 면과 밥에 넣으면 짜장면과 짜장밥이 된다. 별 찬으로 잡채를 곁들어 놓았으니 저녁 한 끼 거리는 되리라. 입춘의 바람이 문고리에 차갑기만 했던 첫날부터 문간 틈새에서 만났던 노인들의 마른 얼굴이 겹친다. 고맙다는 어설픈 몸짓마다 받아 안을 수 없는 외로움과 고단함이 밀려왔다. 그건 인간의 밥그릇이 생긴 후 어쩔 수 없는 뒤처진 자의 음울함이었다. 입에 맞았을까 켕기면서도 손에 건네 드린 그 이후를 구태여 알아보려 하지 않았다. 허기 채우기 바쁜 심사를 헤아리며 조바심만 내었다. 왜 하필 오늘 짜장면일까 싶었다. 새마을 깃발이 거리마다 서러웠던 시절, 별수 없이 많이도 먹어댔던 그 흑갈색의 향이 가슴팍을 더 아리게 해드릴지도 모른다는 생각이 들었다. 아파트 가로수의 늦가을 하늘엔 떨어져 내린 잎이 날리고 있었다.

남자의 요리가 대세라는 말을 자주 듣는다. 방송의 화면마다 요리하는 남자의 얼굴로 넘친다. 나는 이게 무슨 일일까 싶어 따져 생각했다. 용케도 조선의 사내들은 공자님 말씀이라 둘러댄 이후 밥 전투의 고지를 차지하고는 의기양양해 왔다. 이 땅의 여인들 등이 휘도록 긴 세월을 내리덮은 말씀이 되었다. 이번엔 시대 흐름이 바뀌었다며 또 둘러댄다. 그건 고지를 지킬 힘을 잃은 후예들의 고백을 포장한 말이 아니던가. 태초의 광야에서 인간 수놈이 원래 밥주걱을 들었거늘 괜한 변명이 시끄럽다.

접시를 든 건달들의 행렬이 길다. '자아실현'이란 이름표를 내건 몇 사업들을 마감하는 복지관 협회의 워크숍 자리의 뷔페. 가재처럼 옆걸음을 하며 앞에 놓인 먹이를 고르느라 분주하다. 눈빛이 사바나의 그것과 다르지 않다. 먹이가 여유로운데도 사냥에 나선 조급함과 민첩함이 닮았다. 끝 무렵에야 과일 접시를 내밀며 느긋해 한다. 어쩔 수 없는 짐승이다. 나와 같은 조리대에서 칼을 잡았던 옆자리 노틀이 그제야 나도 혼자인데 다른 노인네에게 밥을 나르고 있었다며 웃는다. 그의 곤한 눈빛으로 짐작은 했지만 무거운 입이 마침내 열렸다. 대책 없어 보이는 초로의 건달 하나가 대책 있을 리 없는 노인을 걱정하는 소리다. 세포 분열하듯 늘어나는 늙은 입들을 나라님 재주로만 어찌 감당할까 싶다.

내 어머니도 많이 늙어있었다. 정작 혼자일 때가 많지만 그래도 괜찮은 형편이라 여기며 찾아 챙기지 못했다. 주방의 그릇도 힘이 빠져 보인다. 멸치, 무, 양파, 북어 머리 넣어 구수한 맛국물을 만들어 내고 강판에 감자 썩썩 갈아 옹심이를 빚어 끓였다. 마침 밖엔 비가 부슬거리고 있었다. "얄구재라. 애비가 우째 이리 마싯게 만들었노?" 내가 점심 해드리겠다 했을 때 펄쩍 뛰듯이 손사래를 치시며 참 별일 다 있다고 했다. 남정네들이 밥한다는 이야기를 들어 알지만, 당신의 자식이 부엌에 서는 게 영 마뜩잖은 모양이었다. "인자 하지 마라.

거기 껌정 묻는다." 불쑥 던지신 한마디가 이제 전설처럼 들린다.

저세상과 동거하는 듯했던 문간 노인들도, 갑작스레 요양병원에 눕게 된 어머니도 사위어가는 의식의 거죽을 자연의 물질로 환원시키는 절차가 길고 더디기만 했다. 어쩌면 그건 모두가 외쳐대는 복지란 이름의 사육이 아닌가도 싶었지만 입을 열 수 없는 일이었다. 초원의 한 귀퉁이에서 사그라지는 육신을 다른 생명에게 내맡겨버린 사자의 마무리가 외경하기까지 하다.

결국, 모두 밥과의 전투에서 지고 말 일이겠지만, 그래도 나는 내 황혼의 초원에서 내가 만든 밥그릇으로 순간이 될지언정 춤을 추는 짐승이 되고 싶다.

(≪수필과비평≫, 2017. 11.)

그래도 에는 땅이라니

마을은 남서로 내리뻗은 산자락 사이에 들어앉았다. 자지태라고 했다. 소쿠리처럼 오목한 위쪽, '안꼴못'이 계곡물을 가두며 산은 높아진다. 벌어진 마을 입구는 논두렁을 낮추어가며 북에서 남으로 흐르는 '심곡천'을 만난다. 이 하천에 연한 좁은 들녘에 파묻혀 동네 사람들은 살았다.

마을 앞산에 올랐다. 늙은 소나무들은 여전히 푸르건만 풍광이 생경하다. 소를 잘 매어두던 꾸부정했던 노송의 자리는 잡풀 더미다. 뒹굴던 잔디 비탈이 제법 넓었다던 기억을 밀어내고 손바닥만 하게 누웠다. 봉분도 납작해졌다. 둔덕의 우람했던 참나무 몇 그루도 낯선 모습으로 바람을 탄다. 잘린 지 오래지 않아 보이는 그루터기 하나 밟아본다. 우람했던 옛 나무의 생김새를 더듬어보지만 떠오르지 않는다. 빈 하늘만 올려다본다. 벌거숭이였던 산기슭 오름길은 전에 없었던 조릿대와 잡목으로 덮였다. 바로 산 아래 옛집을 내려다보려 덤불을 헤치고 들어갔다. 한눈에 바라다보였던 동네가 아니었던가. 무수한 나뭇가지에 가려 조각난 풍경을 이어보려 걸음을 옮기고 고개를 돌려가며 애를 쓴다. 남향집 마루에서 바라보면 그땐 내가 선 자리가 줄지은 노송 아래 훤히 보이는 곳이었다. 달밤엔 소나무 위로 달빛이 쏟아져 내렸다. 바람 소리뿐 침묵이 흐른다.

그 집에 살던 내가 마당에서 날 쳐다보고 나는 내려다본다. 보리밭이 바람에 희끗희끗 춤을 추었다. 온 골목을 쏘다니던 아이다. 이른 새벽 감꽃 주우려 앞 개울가의 감나무 밑을 서성댄다. 배꼽마당에서 숨바꼭질도, 땅따먹기도, 딱지치기도, 구슬치기도 하며 또래들과 떠들어댄다. 하늘 까마득히 날아오른 종달새를 쳐다본다. 어느새 마당엔 설익은 풋감이 떨어지고, 뙤약볕에 매미 소리 자욱했다. 소 먹이러 산에 오르고, 꼴망태 메고 들길을 걷는다. 그을린 몸엔 허물이 벗고 안골못에서 헤엄을 친다. 귀속에 자주 농이 생겨 아까징기 바른 솜만 틀어막아 견딘다. 붉은 감이 떨어졌다. 하늘은 깨어질 듯 푸르렀고, 마른 바람이 불었다. 논둑길 헤치며 메뚜기 잡고 찐쌀 씹어 넘기며 들길을 걷는다. 어른들 틈새 벼 베고 타작하는 일에 한 몫 거든다. 가정실습이라고 했지. 이윽고 개울이 터지게 얼어붙었다. 칼 같은 바람에도 스케이트를 탄다. 손등이 터져 피가 나와도 아랑곳없다. 아 그러네. 새벽에 군불 지피시던 할머니도 보이네.

덤불에 날아든 새 소리가 잠시의 고요를 깨트렸다. 소 먹이러 오르던 마을 뒷산 '넙덕말랭이'가 하늘을 이고 있다. '조갈련'이라 부르던 맞은편 산기슭도 보인다. 두 길이 만나 이어지는 꼬부랑 길 끝에 '사랑메기' 고갯길이 있다. 거기엔 진달래며 온갖 꽃이 철 따라 덮였다. 밤이 되면 그쪽에서 이따금 짐승의 푸른 불빛이 마을 뒷산까지 오르내렸다. 아롱대는 불빛이 무섭기도 했다. 사랑메기, 그 길엔 내 유년의 그리움과 두려움이 아로새겨져 있다. 비구름 몰아오던 높은 산 고개였다.

그 아이가 산에서 살피지만 말고 내려오라고 했다. 얼마 만인가. 동네 골목에 들어선다. 내 살던 집 대문 앞이다. 앞 개울도 콘크리트로 덮여 흔적이 흐릿하다. 옛 토담도, 사립문도 간 곳 없다. 사랑채며 안채의 퇴락한 모습이 확 달려든다. 옛 그 집이 아닌 것만 같아 두리번거린다. 내려앉아 처진 기와지붕이 기력 없는 노인처럼 지쳐 보인다. 마루는 휘어지고 남루하다. 그래도 마을에서는 가장 훤칠한 큰 집이었는데 왜 그리 작게 보이는지 눈을 껌벅인다. 토담 옆에 우람했던 감나무는 담 높이에서 둥치가 싹둑 잘렸다. 그 그루터기에 새로 돋아난 몇 잔가지가 쇠잔한 생명의 여운을 잇는다.

마을의 앞쪽에 증조부 삼 형제가 가지런히 터 잡고 살았다. 큰집, 작은집의 허물어진 터를 보며 객지로 떠난 친척들을 떠올린다. 얼굴마저 가물거리게 된 지 오래다. 골목길을 돈다. 오른쪽으로 못에 오르는 길이 까마득히 가팔랐다고 생각되는데 밋밋한 비탈이다. 유년의 기억은 제법 먼 거리였다. 축지법 재주도 아닌데 몇 걸음으로 못 남쪽 기슭에 섰다. 겨울 가뭄에 다 드러난 바닥의 황량함을 애써 지우려 기억의 못물을 채운다. 아무래도 그때보다 작아 보인다. 물길을 가늠해보며 또래들과 자맥질하던 나를 떠올린다. 가장자리에 무성했던 부들이며 수초 덤불엔 개구리, 왕잠자리며 무수한 풀벌레도 함께 했었지.

동네 가운데, 우리 집 채소밭 자리엔 경로당이 들어섰다. 옆 미나리꽝도 간데없다. 골목길에서 한참을 서성댄다. 옛일들이 가슴에 조각돌처럼 소리를 낸다. 십이월 말의 찬 날씨라 다니는 사람이 적다. 지나쳐 간 한 젊은이 무표정이다. 누구의 조카나, 손자라고 말해주는 이 있다면 반갑게 손잡을 수 있을 사이인지도 모른다. 옛집을 더 확인하려는 듯 걸음은 다시 사립문 자리에 선다. 배꼽마당에 서성대는 그 아이의 환영을 만난다.

"할아버진 왜 그리 뚱한 얼굴을 해요? 제가 이 집의 저 작은 방에서 첫울음을 내었지요. 내 시작이 여기였어요. 이 집에 아롱진 유년은 아름다웠어요. 어머니와 떨어져 살아 때로는 외로울 때도 있었지만."

"집 안을 이렇게 들여다본 건 떠난 지 처음인 것 같아. 근 50년이나 되었구먼. 대문이 열려있어 다행이야. 오래전이지만 성묘 왔을 때 한두 번 앞을 지나친 적은 있었어. 많이도 쇠락했네. 뒤 대나무 숲은 여전하구나. 그 큰 감나무도 다 사라졌으니 허망해. 저 사랑채 툇마루에 한번 앉아보고 싶지만 아쉬워. 인기척 없으니 지금 사람이 없는 모양이야."

"왜 그렇게 오래도록 걸음을 안 했어요? 나도 보고 싶지 않았어요?"

"지척이 만 리라는 말이 있거든. 내 탯줄 끊은 곳이건만 찾아오는 게 이렇게 어렵다는 걸 미처 알지 못했어. 고향은 꿈속에서만 그리워해야 한다는 말을 알 것 같아. 찾아오면 고향은 부서져 버리거든. 오늘도 많이 부서졌어. 기억이 증발해버릴까 봐 겁이 나. 그걸 움켜잡아보려 안꼴새, 조갈련, 이붕굴, 맴마실, 넙덕말랭이 하며 산과 골짜기 이름을 가끔 주술처럼 중얼대기도 했어. 그래도 잊어버린 이름이 더 많아."

"수구초심이니 연어의 회귀니 하며 사람들은 고상한 말을 걸치면서도 그냥 입으로만 내뱉지 엉거주춤하잖아요."

"떠날 때 자주 찾을 수 있으리라 여겼지. 도시가 뭔지, 뿔뿔이 마을을 떠난 사람들 소문이 들려왔어. 네 또래도 다 떠났다고 했어. 갈수록 와 볼 마음이 안 생겼어. 네 할아버지 산소를 대구로 옮긴 뒤로는 더 그랬어. 올 일이 없어졌지. 그 집, 도시로 나가 잘 안 풀렸다는 소문도 뒷덜미를 잡았는지도 몰라. 끝내는 그렇지도 않았지만, 이래저래 사는 일이 바쁜 탓이었어."

"오늘은 어쩐 일로 나와 만났대요?"

"……."

그렇지, 어쩐 일로 왔을까? 또 한 해가 저물어가니 사는 몸살을 하는 건가. 마을 앞을 숨 막히게 막아버린 새로 난 도로를 달리고 있었다. 들판으로 내달리던 내 유년의 추억을 갉아먹었다고 삿대질 해대던 길이었다. 그런데 불쑥 갓길에 차를 세웠다. 지난여름, 병실 창가의 은행잎이 무성해지던 날 떠나신 어머니가 생각나 만나고, 몇 해 전 가신 숙부를 만나고 오는 길이었다. 밀린 숙제를 풀듯 걸음 했다. 모두 고향에 가고 싶어 했으련만 마음만 내다 말았을 터라 애잔한 마음이 일었다. 부질없지만 함께 숟가락 부딪치던 그 시절을 문득 들여다보고 싶어졌고, 마을 옆 논두길을 타고 들어왔다. 반길 이 없을 줄 알면서도.

회귀할 수 없는 강어귀에 나는 늘 걸려 있었다. 생을 얻은 곳으로 목숨 걸고 내달리는 연어가 부럽다. 망설임 없는 그 끝 행진이. 세상의 바다를 멋들어지게, 때론 힘겹게 유영하면서도 내 눈은 이따금 강어귀 쪽을 힐끔거렸다. 다시 자리할 수도 없고, 가 봐야 허망하다는 영리한 어림을 하면서도 강 안쪽 산천엔 꽃 채색을 해왔다. 하지만, 오늘 보았다. 그루터기 위쪽의 사라진 둥치 따라 이미 고향은 정녕 떠나고 없었다. 부서지고 있었다.

그래도 가슴에 에는 땅이라니. 아이야, 너는 누구이고 나는 누구인가.

(2017. 12.)

허 생원의 웃음

산기슭을 한참이나 올랐다. 이효석李孝石 문학관 입구의 언덕 전망대, 봉평 들이 시야에 훤하다. 〈메밀꽃 필 무렵〉의 장면을 떠올리며 보물찾기라도 하는 양 풍경을 훑는다. 안내 팸플릿의 그림과 맞추어 보지만 내 머릿속에 새겨진 그림과는 사뭇 다르다. 한촌의 시골이었으련만 작은 도회 같은 얼굴이다. 일순 좋은 꿈을 꾸다 깨어버린 것 같은 서운함에 빠진다.

지금도 마을 둘레는 온통 메밀밭이다. 그 숨 막히는 달빛 길을 떠올린다. 때를 못 맞추어 왔으니 흐드러진 메밀꽃과 그 달밤의 아쉬움은 생각만으로 달랜다. 허 생원과 동이와 조 선달이 걷고 건넜을 길과 내를 어림짐작해본다. 멀리 봉평 장터와 충주댁의 주막도, 물레방앗간도 먼저 찾아가 보고 싶건만 나 혼자의 일정이 아니니 애가 탄다.

문학관의 조명 빛이 나를 과거로 데려간다. 이효석의 일대기 흑백

영상이 잊고 있었던 지난 시절, 궁핍했지만 소박했던 모습을 흔들어 깨운다. 진열대의 빛바랜 육필 원고 앞에 숙연해지고, 메밀꽃 필 무렵, 분녀紛女, 화분花粉, 돈豚, 수탉 하며 소설의 제목이 추억의 조각들로 다가온다. 책 앞에서 머뭇거린다. 학창 시절의 기억을 비집고 토담의 냄새 같은 향토색 서정이 물씬 풍겨온다. 농염한 에로티시즘에는 달아오른 사춘기의 몸을 가누느라 여드름만 쥐어뜯기도 했다. 웃음이 나온다. 온전히 뜻을 다 헤아릴 수 있었겠느냐만, 시험공부도 팽개치고 탐닉했던 기억이 새롭다.

영상의 틈새에 일본어로 쓴 원고가 스쳐 지난다. 그 시절 문인의 고뇌와 아픔이었다며 내레이터의 설명도 이어졌다. 생경하다 싶었지만 이내 그때는 식민의 시절이었다는 사실을 몰랐던 것처럼 새롭게 깨닫는다. 웬 일본어냐며 곱지 않은 말이 한 일행의 입에서 두드러지게 섞여 나온다. 폄하하는 투다. 어디 이효석뿐이랴. 그 시대의 상황이 그랬다. 가볍게 던지는 말의 감각적 경망스러움, 그런 것이 쌓여 사그라지지 않는 친일 논쟁의 빌미를 문인 스스로 키워 온 건 아닐는지.

한 개인의 문학적 태도가 시대 조류와 영 무관할 수 있을까? 그 식민의 시절 러시아 공산주의 혁명에 동조하는 문예사조가 풍미했다. 도도했던 세계적 흐름이었다. 이효석도 KAPF(조선프롤레타리아예술가동맹) 회원은 아니었지만, 처음엔 동반자작가라 불리며 사회주의적 경향문학의 길을 걸었다. 후에 구인회 활동을 하며 순수문학으로 돌아섰다. 그때 이른바 프롤레타리아 이념을 따랐던 작가들의 계급문학, 경향문학에 대해서는 지금 누가 친 소비에트, 친 공산주의라 입을 여는가. 지난해 화가 '이중섭 전展'에서였다. 일본인 아내와 주고받은 그 많은 애절한 편지와 그의 그림을 두고 누가 친일이라 입을 열었던가.

그러면 일본어로 글을 썼다 해서 대역죄라도 되는 듯 지금껏 문제시하는 담론은 어떻게 받아드려야 하나. 압제의 요구를 기어이 감당치 못했을 일이 아니었을까. 이른바 창씨개명까지 강요받았던 그 시절을 살아보았느냐고 내가 감히 물음을 던진다. 만약 그 글이 한국적 정서를 담아 인류 보편의 감성을 흔드는 절세의 작품이 되었다면 그건 우리 문학사에 과일까 공일까? 광복 70년을 넘기고도 친일인명사전의 말씨름이 아프고, 주술 같은 청산이란 말을 깃발처럼 내건다.

'제국의 위안부' 가 읽힐 틈도 없는 문화적 토양이 독기를 뿌려놓은 것 같다. 크게 보아 한일관계를 분노의 눈이 아닌 냉철한 눈으로 논의할 필요가 있다는 주장이 요지였다. 나름의 울림이 있었다. 근데 그게 작가를 담론의 장이 아닌 법의 심판대에 서게 했다. 한 치 앞의 일만 생각하는 격한 정치의 말과 그 아류의 튀는 말 앞에 인문의 말은 무력하다. 땅껍질이 생기고 이 반도의 땅이 받은 누대의 트라우마인가. 왜 일본이라 하면 스스로 한없이 작아지려 하는가. 결단코 이겨볼 수는 궁리치 않고 문 걸어 닫을 일만 찾는 것 같다. 고약했고, 찜찜했고, 앞으로도 그럴 테지만, 이 이웃집을 우리 모두 정녕 어쩌겠다는 것인가.

밖엔 오월의 신록이 속살댄다. 그의 문학비가 그런 일이 있었느냐는 듯 잔디밭을 지킨다. 서른여섯에 요절했다. 광복 수 해 전이었으니 지금의 담론을 어찌 알랴. 저세상에서 혹여 기별이라도 듣는다면 무슨 생각을 할까 싶다. 온전히 식민의 시대를 살다간 나와 내 문학의 고통을 너희가 어찌 알겠느냐. 입방정 떨지 말고 나만큼이라도 해보라 할 것 같다. 아쉬운 일이다. 더 오래 살았더라면 한국문학을 세상에 한층 우뚝 세울 수 있었을 일이 되지 않았을까.

메밀 맛 한번 보지 않고 여길 떠날 수 있으랴. 메밀묵에 한잔 막걸리로 목을 축이며 식탁에 둘러앉았다. 문학기행의 이름으로 모인 일행이지만 낯선 이가 더 많다. 오늘, 펜을 쥐었던 선생의 손글씨의 고행 앞에 두 손 손가락 오물대는 내 글의 황망함을 다시 철이 든 것처럼 알아차린다. 여기 '메밀꽃 필 무렵'을 그려낼 만큼의 문학적 품을 넓히려 애 쓰는 사람 있으려는가. 글 쓰는 일이 삶의 탐구라 할진대, 삶의 유희 정도로 여기며 계취 모임 하듯 쓸려 다니는 일 적어졌으면 싶다.

차창 밖은 온통 메밀밭이다. 어릴 적 내 문학의 꿈 한 부분을 살찌웠던 생각 속의 들녘이다. 왠지 편하고 좋다. 흘러간 시간을 걷어내고 머릿속에 아물대는 〈메밀꽃 필 무렵〉의 장면을 다시 짜 맞춘다. 그 개울 옆을 지난다. 홍정천이라 했다. 동이의 등에 업힌 허 생원의 얽은 얼굴이 차창 너머에서 웃는다. 질곡 같은 자갈길을 헤치고 나온 우리네 웃음 아닌가.

(≪죽순문학≫, 2018.)

효자라고, 내가?

짙은 산그늘이 산 아래와는 별천지다. 불단에 삼배 올리고 스님의 독경 소리를 들으며 한참이나 앉았다. 뜻을 알리야 없지만 동하는 감이 있고 초성이 좋아 그랬다. 제의 절차가 끝났는지 스님이 돌아서 나가다 나를 힐끗 본다.

"운동하러 오신 모양이지요?" 등산길에 들른 것으로 안 모양이다. 일요일이었다.

"어머니 돌아가시고 첫 생신이라서 와봤습니다." 일어나 합장하면서 대답했다.

"효잡니다." 물끄러미 보더니 던진 말이다.

효자라……. 사전 속에서 나온 말을 듣는 것 같기도, 내가 왠지 해망쩍어지기도 한다. 부모님 위패 앞에서 절을 올린다. 파계사에 지극정성으로 다니시던 어머니였다. 생전의 원을 좇아 사십구재를 올리고 지장전에 위패를 봉안했다. 이때 먼저 떠나신 아버지도 함께 모셨다. 두 분의 유택은 만불산이다.

"돈 달라고 하지 말고 건강을 달라고 하세요." 절을 하고 일어선 내게 스님이 툭 던지듯 말을 건다. 자세히 보았다. 지난해 어머니 저세상 길 시다림尸陀林을 해주시고 법주스님으로 제를 집전했던 그 스님이다. 부모님 영가에 돈보다 건강을 달라고 하라는 말을 거푸 하며 웃는다.

시원한 한 줄기 바람이 법당에 휘돈다. 산중 더위도 어지간한 듯 선풍기 서너 대가 바쁘다. 마침 나와 스님 둘뿐이다. 지난해 고맙다고 이야기를 꺼냈더니 그랬느냐며 반가워한다. 제를 올리러 와서는 재물로 다투는 사람들도 많다며 또 웃는다. 뜨끔했다. 내가 그렇게 보였던 건가. 그리될 일도 있었지만, 점잖아지려 애쓰며 잘 넘긴 걸 다행이라 여기고 있었다.

"스님, 요즘은 돈 달라 보채도 줄 부모도, 줄 돈도 없습니다. 하도 오래 사니 남겨줄 것도 없이 먹고 살아야 하니까요. 그런데도 부모를 돈의 무게로 재려 하니 막막하지요." 소탈한 스님의 얼굴에 마음을 놓고 불쑥 한마디 해보았다. 같이 웃었다. 말을 잇는다. 세상이 각박해져서인지 절에도 중 구하기가 어렵고 시주하는 사람도 줄고 있다고 한다. 시중에 돌던 말을 스님 입으로 직접 듣는다. 중생이 돈 달라 할 부모도, 스님이 돈 달라 할 중생도 없어진다는 말이다.

위패 앞에 바쳤던 작은 두유 한 팩을 스님에게 드렸다. 목마른데 고맙다고 하며 받아 법당을 나간다. 더우면 선풍기를 더 틀라는 말도 했다. 위패 앞에 다시 앉았다. 어머님 생전을 회상하며 절을 하면서도 나는 아내의 건강을 함께 원을 했다. 건강을 달라고 한 스님 말에 맞춘 셈이다.

두유는 생전에 밥처럼 늘 옆에 둔 두 분의 마실 거리였다. 아침에도 나서는 내게 아내는 위패 앞에 놓으라며 챙겨주었다. 돈은커녕 작은 물건 하나 먼저 달라는 소리 해볼 줄 몰랐다. 잘 사는 집이라고 해 시집왔는데 시아버지 허풍에 속았다는 말을 마음 상하면 가끔 내게 했다. 나잇살 값하는지 올봄부터 비실비실 병원을 들락거리며 괴로워한다. '둘째 며느리 평생 달라 소리 안 했으니, 이제 건강 하나는 주이소.' 스님 말에 덧칠해 중얼댄다.

절 앞뜰로 나선다. 수령 이백 년의 우람한 느티나무 숲 그늘에 붙들려 너럭바위에 걸터앉는다. 바람결 따라 매미가 장단을 맞추며 울어댄다. 효라……. 바람 소리에 묻히려는 말을 다시 떠올린다. 스님의 효란 말은 뭐에 기준을 둔 것인가. 갑자기 화두가 되어 맴돈다.

조선의 세상을 휘감았던 그 말, 책 속의 말이 이미 말이 되지 않음을 스님이 더 알고 있을 것 아닌가. 용케도 어머니의 생신날을 기억해내어 절을 찾은 내가 마음에 들고, 보는 앞에서 만 원 한 장 시주함에 넣은 내가 고맙기도 해 한 말이라면 안심이 된다. 그걸 효라고 한다면 되레 민망스럽다. 나처럼 돌아가신 부모의 첫 생일날이 마음

쓰이는 그런 세대에겐 그렇다. 개를 자식처럼 삼느라 야단인 세상에 살아있는 부모의 생일날도 모르고 지나는 그런 세태가 될까 에둘러 걱정하는 말인가도 싶다.

모두 오래 살게 된 탓이 아닌가. 사람이 사람을 잘 안 낳고, 안 죽으려 기를 쓰고 사니 그렇다. 건강을 달라고 하라는 스님이 아무래도 잘못 말한 것 같다. 돈도 달라 하지 말고, 건강도 오래는 달라 하지 말고, 이전처럼 아이 많이 낳고, 적당히 가게 해달라고 하라는 말을 괜히 내게 덕담으로 건네 본 것 같다.

그래야 맺힌 일이 많아지고, 절간 문턱에 저마다 원을 세워 찾는 사람이 늘고, 시줏돈이 불어나는 일이 될 것인데 말이다. 효자라고? 더불어 살 일엔 무딘 채 오래 살기로 작정한 것처럼 설쳐대는 나도 이미 들을 품격이 안 되는 말 같아서다.

(2018. 7.)

흔들리는 땅이야

쓰셔놓은 벌집에서 튀어나온 벌이 윙윙대는 것 같았다. 마당에도 뒤 공원에도 사람들이 웅성댔다. 소릴 내지르며 뛰어다니기도 했다. 아파트가 흔들렸다. 둔탁한 망치 소리 같기도, 천둥소리 여운 같기도 했다. 경주 지진은 사람의 표정을 바꾸었다. 늦더위가 내려앉은 9월 초의 밤은 두려웠다. 밖에서 걱정스럽게 쳐다본 아파트가 인간 벌집이라는 생각이 들었다. 언제든 허물어질 수 있는 집이었다. 그걸 알게 되었다.

진도 5.8이라 했다. 기상청이 1978년 계기지진관측을 시작한 후 최대지진이라는 발표가 다음 날 나왔다. 대구를 비롯해 경남북을 흔들었다. 며칠 뒤 강한 여진이 이어졌고 그달에 400회 넘는 여진이 공포를 키웠다. 지붕이 내려앉고 떨어져 내린 기왓장이 어지럽다. 집 앞에서, 길거리에서 서성대는 사람의 표정이 황망하고, 구조 요원의 움직임도 부산하다. 인명 피해가 적은 것이 천만다행이라며 가슴을 쓸어내린다.

첨성대가 흔들렸다는 소식이 전해지며 문화재 관리에 비상이 켜졌다. 일제 점검한다는 소식에 천년 고도의 자취가 염려스러웠다. 큰 피해가 없는 것으로 확인이야 되었지만 관광객은 해를 넘기고도 오래 자취를 감추었다. 마음의 지진이 더 크게 사람을 붙들어 매었다. 땅껍질 한번 움직임에 이러니 사는 일이 거품인가 싶어진다.

몇 해 전 서울 국립박물관에서 열린 '폼페이전展'에서다. 폼페이 최후의 날, 용암에 덮여 뒤엉킨 백골의 더미에 전율했다. 그 숨 막혔을 시각의 공포와 불안이 시공을 넘어 나를 휘감았다. 지구라는 땅이 사람 사는 일의 의미가 무엇인지 되묻고 있었다. 까마득한 시원의 때, 137억 년 전 빅뱅으로 생겨났다는 광대무변의 우주도, 그 안의 티끌 같은 지구라는 행성의 존재도 온통 의문투성이다. 나이 46억 년의 땅, 2억 4천만 년 전에야 지금의 모양이 되었다는 땅껍질은 오늘도 꿈틀거린다. 불덩어리 위에 얹혀사는 인간의 일은 원래 알 수 없는 일이었다.

한국 땅과 일본 땅, 바로 이웃해 붙었건만 태생이 다른가 보다 했다. 그 나라의 지진 소식은 강 건너 불구경이었다. 피해가 컸던 지난번 구마모토 지진 때도 그랬다. 그 여파로 부산과 경남에서도 땅이 흔들렸다며 술렁댔지만 그때뿐 관계없는 일로 무심했다. 뒤엎어진 그 땅의 혼란을 보면서 마음 찡하기는 했다. 때로는 땅 밑의 불덩어리 덕에 생겨난 그 많은 온천이 사람 불러 모으고 재물까지 모아주니 되레 복덩어리 아니냐고도 했다.

백두산 아래에 서울 넓이보다 큰 마그마가 끓고 있다고 했다. 불의 고리가 어쩌고 하며 결코 우리 땅도 안전지대가 아니라고 수시로 들추었다. 그래도 설마 우리에게 그런 일이 하며 느긋해 했고, 젊은 뚱보 제멋대로인 북의 핵실험으로 백두산이 폭발할지 모른다는 말도 켕기긴 했지만 먼 훗날 이야기 같았다. 경주의 흔들림은 일거에 우리의 일, 나의 일로 지진을 발밑에 가져다 놓았다.

"동해물과 백두산이 마르고 닳도록 하느님이 보우하사 우리나라 만세." 이제 하느님도 모를 땅인데 어찌 보우하사만 부르고 있겠는가. 애국가를 고쳐 써야 할 일이 생긴 것 같다. 땅 흔들림을 발등에 떨어진 불로 알게 한 것만으로도 경주지진은 훈장감이다. 재난경보 시스템을 만든다고 몇 번이나 국민의 손가락질을 당한 끝에 이제 춥거나 덥기만 해도 내 주머니에서도 경보가 울린다.

그런데 경보가 울리면 뭐하냐 싶다. 나라말에 따라주지 않는다면 소용없는 일 아닌가. 자연재해, 거기 엉킨 사람의 잘못도, 개인적 과실도 피해는 모두 국가 책임이라며 삿대질부터 먼저 해댄다. 나라를 도깨비방망이인 줄 알고, 그 방망이는 정말 자기에게 도깨비 마법이라도 있는 듯 빈속으로 환심만 사려 한다. 쉬 특별재난지역으로 선포하고 공짜 지원을 하니 제집도 바로 고치려 하지 않는다. 쏠려 다니며 불만의 말만 만들어 스스로 흔들린다. 그뿐인가. 배가 뒤집어져도, 차가 뒤집어져도, 불을 질러 불이 나도 거품 물고 나라님 잘못이라 한다.

옆 나라를 더 유심히 지켜본다. 지진 후의 사람들 움직임을 보며 아직 우리는 하 세월이란 생각을 한다. 국가를 원망하는 일이 없다. 자연의 힘을 어쩔 것이냐며 태연하다. 슬픔도 밖으로 드러내지 않고 참는다. 경보 발령에 즉각 따른다. 그게 생명을 보전하는 길이라 여긴다. 정확하고 신뢰할 수 있는 정보이니까 그렇기도 하다. 물론 국가에서 책임질 부분은 책임을 지고 복구에 나서지만 삿대질 당하는 일은 없다.

정신없이 설쳐대는 아이에게 우리 할아버지들은 "이놈아 땅 꺼진다."라며 나무랐다. 대대로부터 이어져 온, 땅 꺼지는 일은 절대 없으리라는 것이 전제된 말이었다. 그 절대가 정말 흔들렸으니 이제는 땅도 꺼질 수 있는 일임을 알아차리고, 있을 수 없는 일이라고 핏발 세우던 일도 있을 수 있는 일이 될 수 있음을 알아야 하지 않겠는가. 세상일에 막돼먹은 아이처럼 아무 데서나 사날부리는 게 살 길은 아니지.

이제 흔들리는 땅이야. 일순 폼페이처럼 백골이 될 수도 있어. 살려면 삿대질도 도깨비방망이도 흔드는 방법을 바꿔야 해. 흔들리는 땅 위에서 어찌 갈라지고 흔들리는 마음으로 제대로 살아지겠는가.

(2017. 10.)

세상에 이런 일이

화면에 펼쳐진 '별난 삶'에 놀라고 신기해하고 웃고 슬퍼한다. 〈세상에 이런 일이〉, 내가 다른 일 제쳐놓고 보는 방송 프로그램이다. 생각도 미치지 않는 비범한 삶을 사는 괴짜들의 이야기다. 거기에는 기행과 끼가 녹아 있고, 즐거움도 어려움도 익살과 해학으로 보듬어 나가는 인간승리의 울림이 있다.

별난 세상에 빠져있다가도 문득 바깥세상을 들추어본다. 시끄러움에 묻힌 시정市井의 곳곳에 음습하게 활개 치는 또 다른 '세상에 이런 일이' 널려 있다. 그 세상을 담당 피디들의 손도 버거워하는지 네모 상자 속으로 밀어 넣지 못하는 모양이다. 우리 발밑을 엎어 버릴지도 모를 일임에도 모두 무덤덤하다. 세상이 넓다 보니 모르는 새에 일어나는 일이라 그럴 수도, 어쩌면 부지불식간에 모두가 그 일에 앞장서기도 하기 때문일 것이다.

자고 일어나니 어쩐지 개운하다. 온 세상을 시끄럽게 하던 선거운

동의 소란에서 벗어났다는 안도감 때문이다. 그래서 선거일 아침은 평온하고 여유롭다. 선거에 나선 사람들이야 하루가 천추 같겠지만 표의 임자들은 느긋하다. 선택의 쾌감을 느끼며 오늘 내내 주인 된 자리를 마음껏 누리리라. 되도록 늦게 투표하면 할수록 좋은 기분이 길게 이어진다. 야금야금 즐기고 싶다.

한꺼번에 여덟 장의 표를 찍으라 한다. 투표하는 방법을 알리는 방송을 귀담아들어 보아도 참 어렵게도 해 놓았다는 생각이 든다. 표 주인마다 걸리는 시간이 작지 않으니 마감 시간까지 다 투표할 수 있을지, 내 걱정 아닌 선관위 걱정을 한다. 교육감과 교육의원이 그리 중요한 건지 먼저 투표하게 되어 있다. 이들은 정당추천이 아니므로 기호가 없고 이름만 보고 골라야 한다. 이를 모르는 유권자가 선호하는 정당의 번호를 연상하여 투표용지의 위 칸에 기표할 가능성이 크다는 논란으로 시비가 일어나기도 했다. 추첨에서 위에 이름을 올린 후보는 로또를 뽑았다고 의기양양해 했단다. 명색이 아이들 교육을 맡아 해보겠다는 사람들이 야바위 같은 짓에 목을 매게 되었다니. 세상에 이런 일이.

출퇴근 시간의 큰길에서, 지하철 입구에서 머리 조아리며 명함 내미는 사람이 줄을 섰다. 처음에는 얼른 받아 쥐고 주머니에 넣었다가 사무실이나 집에 가서 버린다. 며칠 후부터는 내미는 손 거절하기 미안해서 받지만 몇 걸음 가다가 던져 버린다. 휴지보다 쓸모가 없다. 더 며칠 후에는 명함 주는 사람 피하며 다닌다. 길에도 쓰레기통에도 온통 명함이다. 지하철 에스컬레이터에 버려진 명함이 틈새에 끼여 고장을 일으킬까 봐 얼른 집어낸다. 지하철에서 밥 먹고 사는 몸의 업이다. 버려진 자기 얼굴을 사람들이 밟고 지나가는 걸 뻔히 내려다보고도 열심히 건넨다. 수많은 명함이 뿌려졌건만 사람들은 후보에 대해서 잘 모른다고 한다. 세상에 이런 일이.

어차피 내일이면 숙였던 고개를 다시 쳐들 얼굴이지만, 그놈의 민주주의에 시비 걸듯 선거 공보를 뒤적인다. 여전히 난감하다. 교육감과 교육의원, 구의원은 후보가 많아 더 그렇다. 키나 코 큰 사람, 그냥 관상 좋은 사람, 젊은 사람과 늙은 사람, 여자와 남자, 학력, 경력하며 선별 기준이 될 만한 걸 다 나열해 보아도 딱 마음 가는 데가 없다. 밖에서 차를 타고 다니며 소리쳐대던 모습들 하고도 얼굴 연결이 안 된다. 굳이 돈 써가며 왜 돌아다녔을까. 세상에 이런 일이.

표를 줄 교육감과 교육의원 후보 이름을 적어가는 게 좋겠다는 신문기사에 웃음이 나온다. 총기가 떨어진 노인들이 이름 외우기 힘들 터이니 그렇게 하면 좋겠다는 의견이다. 노인 아니라 멀쩡한 사람도 시간에 쫓기는 일상에 그 많은 후보를 다 기억하기 어렵기는 마찬가지다. 요즘 아파트 이름을 건사하게 지어야 잘 팔리는지 외국어로 짓는다. 안고 다니는 개나 먹어보지도 못한 고급 음식 이름 같기도 하다. 늙은 부모들이 집 이름을 몰라 쉽게 자식들 찾아가지 못하도록 그렇게 한다는 우스갯소리도 들린다. 기호 없는 투표용지가 노인들에겐 그 우스개와 똑같다. 세상에 이런 일이.

아무래도 집히는 얼굴이 없다. 어쩌면 사는 핑계만 댄 나의 무관심도 한몫 거들었음을 책해 본다. 그러니 선별작업을 지금이라도 지극정성으로 아침 거르고라도 해야 하겠다. 차라리 〈세상에 이런 일이〉에서 나온 기인이나 괴짜라도 있으면 좋으련만 싶었다. 기표소 천을 들치고 들어갔다. '에라 모르겠다.'며 찍긴 찍었다. 초짜와 졸자들만 뽑혀 초짜와 졸자 같은 세상만 만들어나갈라. 그러고도 오늘 모두 노는 날이란다. 세상에 이런 일이.

(2010. 6.)

빈대 일곱 마리

휴대폰에 쌓인 문자를 지워내며 옛 생각을 한다.

"사람 한 자리에 불러 모으기가 이렇게 힘드니…."

창밖을 내다보던 위원장의 푸념이다. 뜻대로 안 따라준다는 초조함이다. 오줌소태 맞은 양 연신 시계를 쳐다본다.

의원들은 느긋하기만 하다. 열 시라고 어제부터 연락해놓은 터였고, 출근하자마자 또 확인하느라 직원들이 부산떨었다. 심의 안건을 두고 의원들 간의 사전 조율이 필요했다. 중구난방의 말씨름만 하다가 의사일정에 쫓기는 일을 피하기 위해서다. 한꺼번에 제대로 다 모이는 일은 절대 없다. 미리 와 있다가도 다른 사람 오는 새에 또 들락날락하니 머릿수 세는 일도 힘이 든다. 회의하는 시간보다 모이는 데 더 시간이 걸린다. 회사 같았다면 벌써 몇 번이나 문 닫았을 곳이다.

찍어준 한 표가 멀쩡하던 사람을 이상하게 만들었다. 점잖게는 정치물이 들었다고 한다. 시간을 일부러 어기며 천천히 얼굴 내미는 것이 권위인 줄 안다. 서너 번 연락을 받고서야 꿈적대는 걸 무게 있는 처신으로 여긴다. 옷깃에 붙은 의원 배지는 아무 데나 휘두르고 간여하면 되는 면허증인 양한다. 여의도 큰집 흉내는 잘도 낸다. 의결 정족수를 못 채워 안달 내는 것도, 얼굴만 내밀었다가 이내 빈자리를 만드는 것도, 삿대질도, 곁 주머니 생각하는 것도 그렇다. 그래도 선량이라 했다. 그렇게 불리고 싶은 눈치였다. 여의도의 똘마니들.

일마다 제 팔 제가 흔들다가도 의기투합할 때가 있다. 해외에 나가는 일이다. 동남아에서였다. 일주일 일정이 숫제 봉숭아 학당이었다. 캄보디아 주점 여종업원을 상대로 복싱을 하여 난리를 냈다. 해결하는데 돈깨나 들었다. 그 나라 직장인의 석 달 봉급이라 했다.

부탁한 골프 일정을 넣어달라는 한 위인이 있었다. 가당키나 한 일인가. 그 꼴통과 상임위원장 간 시비가 붙었다. 다른 불만까지 터져 나오며 파타야의 늦은 밤 호텔 방은 난장판이 되었다. 술기운이라고 하기엔 지나친 일이었다. 상임위원장 대신 내가 표적이 되어 받아 내었다. 우라질 것.

의원들 반은 졸고 있었다. 싱가포르 물 산업에 대한 시 관계자의 설명 자리였다. 영사관에 부탁하여 어렵게 자리를 만들었다. 한심해 보인다는 듯한 그쪽의 표정과 통역을 맡은 젊은 교포 아주머니의 창

피스러워하는 표정이 오래 기억에 남는 일이 되었다.

이탈리아 피렌체, 점심 먹던 중 돌연한 고함에 화들짝 놀랐다. 일행인 의원 건달이었다. 여러 얼굴색의 관광객으로 북적대는 넓은 홀이었다. 맛이 없다며 왜 이런 데 정했느냐는 말이 거칠었다. 나 들으라고 하는 말이었다. 여행사에 맡긴 일인데 어쩌라고. 뭘 잘못 먹었나 왜 저럴까 싶었다. 사진 찍어두었더라면 의정활동 명장면이 될 뻔했다. 그 많은 사람이 모두 맛없는 걸 먹고 있었나 보다. 해외여행을 자주 한다고 그렇게 자랑해대던 사람이 그랬다. 맛 모르고 먹는 돼지를 데려올 걸 그랬다.

베른에서 파리로 가던 테제베, 포커판이 벌어졌다. 승객은 아랑곳없이 떠들었다. 까만 머리들의 놀음을 모두 지켜보았다. 처음엔 호기심 어렸던 눈빛이 점차 냉담하다 못해 일그러졌다. 눈총을 주었건만 마이동풍이었다. 끝없이 펼쳐진 포도밭이며 창밖의 평원 풍광이 볼 만했다. 우리의 농업을, 축산업을 생각해볼 수 있는 시간을 그렇게 보냈다. 축구 등신들.

귀국 길 인천 공항, 입국장 출구를 떳떳하게 나서지 못했다. 지역신문에 '시 의원들 가족동반 공무 해외여행'이란 기사가 실려 난리났다는 연락을 받은 터였다. 런던 히드로공항 출발 때부터 벌레 씹은 얼굴을 했다. 비밀이 어찌 있으랴. 내심 쾌재를 불렀다. 안 될 일이라 간곡히 말을 전했건만, 어린애를 데리고 온 의원이 둘이나 있었다.

애들 경비야 자부담이었지만 막무가내였다. 공항에 나와 있을지도 모를 기자를 피해야 한다고 설쳐댔다. 이미 엎질러진 물을 퍼 담으려고. 어린 자식 보는 앞에서 꼴좋다. 머저리들.

시의회 의원에겐 먹고 싶으면 먹고, 마시고 싶으면 마시고, 졸고 싶으면 졸면 되는 최상의 여행상품이었다. 여행사 가이드가 돈 버는 일이 웬수라며 진저리를 냈다.

별나게 나부대던 두 선량은 무슨 일로 경찰에 잡혀가 살다 나왔다고 했다. 상임위원회의 전문위원이었던 너는 뭐 잘했느냐 물으면 솔직히 할 말 없다. 의정활동 자문에다 행정 지원을 하는 것이 내 일이었지만, 설쳐대는 상임위원회 일곱 의원의 갑질을 어찌 전문위원이 감당할 수 있었으랴. 변명이 될지는 모르겠다.

다시 지방선거 철이다. 휴대폰 문자 소리가 늘고, 인물에 대한 세평이 화면과 지면에도, 모임에서도 무성하다. 여론조사라며 집 전화가 심심찮게 울린다. 시청 한솥밥의 아는 얼굴도 보인다. 무슨 뜻이라도 품었을까. 어느 자리에 누가 된들 이 난마 같은 세상이 바뀔 것 같지가 않다. 여의도 똘마니 행세나 언제 벗어날 수 있으려나. 휴대폰 무거워질까 오는 족족 지운다. 지우다가 명언 하나 또 떠올랐다.

"아이고, 국장님, 이 사람들 데리고 일하는 것보다 빈대 일곱 마리 데리고 한양 가는 게 더 쉽겠심더."

빈대라는 말은 내가 한 말이 아니고, 당신들이 뽑은 상임위원장의 말이요. 어디로 튈지 모르는 빈대에게 하도 시달려 내게 던진 말이니 혹시 이 글 읽고 지난 일로 또 시비 걸지 마시기를. 헌법을 고쳐 지방자치의 권한도 높인다고 한다. 의회가 시민의 삶에 정녕 도움이 되어 왔는지 먼저 통절하게 짚어볼 일 아니겠는가. 옛정으로 의회의 그릇을 걱정하며 고자질 푸념 한번 했다.

(≪대구수필과비평 제8집≫, 2018. 6.)

보상국補償國

간밤에 보물 제1호인 동대문이 방화로 탈 뻔했다며 아침 방송이 요란했다. 밤새 혼쭐이 난 모양이었다. 용의자가 잡혔다는데 사회에 대한 불만이 원인이라고 한다. 10년 전 불타던 국보 1호 남대문의 참혹한 모습이 떠올라 움찔했다. 그때도 토지 보상 문제의 불만으로 불을 질렀다고 했다. 범인은 벌써 10년 형기를 마치고 출소했다는 소식을 전한다.

미얀마 상공 KAL기 폭파사고, 해상교통 사고 세월호 사건은 물론, 크고 작은 인간의 사고마다 보상 문제가 따른다. 보상 기준 마련이 어렵나 보다. 그게 들쭉날쭉하니 혼란과 불만이 더 생긴다. 나랏법이나 보험 관련 약관이 있으련만 그건 무용지물이다. 떼법을 이기지 못하여 기준도 없는 보상액을 책정하고 선심 쓰듯, 입막음하듯 돈을 건넨다. 냄새 풍기는 정치판까지 붙어 바람몰이하니 더 어렵다.

보상 병이 걸렸다. 개인의 사고도 나라를 걸고넘어지며 보상을 요구한다. 병치고는 이미 중증이다. 온통 보상의 나라다. 불이 나 죽어도, 물에 빠져 죽어도, 차에 받혀 죽어도 나라의 관리 잘못이라며 손을 내민다. 뭘 하나라도 건수를 잡아 못 챙기는 사람이 바보인 것 같은 세상이다. 결국은 모두가 주머니 더 축내고 힘들어지는 일인데도 그런다. 그날이 오면 어쩌나 싶다. 이 풍진세상, 이 보상의 나라에 밀어냈다고 울기도 전에 '보상' 하며 어머니에게 손 벌리고 나오는 아이를 보는 날 말이다.

새마을 노래를 부를 때다. 사람들이 지금보다 훨씬 가난했다. 마을마다 잘살아보자며 노래 그대로 몸부림을 쳤다. 나도 함께 노래하며 힘을 냈다. 새마을사업으로 골목길이나 농로에 편입된 땅이 적지 않았다. 보상금 한 푼 받지 않고 땅 주인들은 기꺼이 나라에 기부했다. 나는 촉탁 등기로 그 땅을 대구시의 소유로 넘기는 일을 그때 했다. 사업 후 시간이 흐르니 세금 문제도 따르고 공부를 정리할 필요가 있었다. 그 정리 작업이 근 일 년간 전국적으로 시행되었다. 내가 넘긴 땅이 230필지 정도 되는 것으로 지금도 기억한다. 면적도 적지 않았다. 지금 시가로 환산하면 만만찮은 금액이다.

"서기 양반, 내가 며칠 집을 비우는데 미리 가져왔어."

"내일 오전에 서류 받으러 오이소. 기다릴게."

"내가 잘 몰라, 대충 써놨는데 빨리 한번 봐주소."

관련 서류를 들고 찾아오거나, 얼른 와서 받아가라는 땅 주인들이 내게 한 말이다. 더러 아쉬워하는 이도 있었지만 뗏장 부리는 사람 없었다. 지금 생각하면 눈물이 난다. 보상금을 두고 짐승 같은 눈으로 설쳐대는 지금 세상에 정말로 눈물 나는 이야기다. 그 땅 주인들이 있어 오늘 우리가 이만큼 살게 되었다고 나는 생각한다.

새마을 만들며 사시던 어르신들이시여. 불초 소생 늦게나마 다시 감사드리오며 엎드려 삼가 명복을 비나이다. 턱없는 보상금에 침 흘리고 곰팡이 슬듯 엉키는 시정잡배들을 거두어 가소서.

(2018. 4.)

관동팔경 볼 날은

훌쩍 길을 나서는 것은 늘 설레는 일이다. 가는 곳도 일정도 모른 채 떠나는 길이면 더 그렇다. 이외의 두근거림이 있기 때문이다. 오늘도 여남은 명 지기들끼리의 문학기행인 줄 여겼는데 관광버스 두 대의 단체라는 걸 출발지에서야 알아챘다. 그것도 여자가 절반도 넘는 차에 오르고는 횡재라도 한 양 들뜬다.

동해안 쪽으로 간다는 말만 듣고 덤벙대며 왔다. 오늘 안내를 맡았다며 마이크를 잡은 사람의 일장 연설로 궁금증이 풀린다. 영덕군에서 관광객 끌어모으려 초청하였고, 둘러보고 난 뒤 글 한 편 써내어야 한다는 게 긴 말의 요지였다. 회비도 없으니 그냥 오라 했던 한 문우의 연락이 어쩐지 수상타 했다. 버스 안이 쩌렁쩌렁하다. 영덕군 의원에다 도의원을 했다는 이력만큼이나 고향에 대한 애착이 대단하다. 모자라는 밥값은 본인이 부담한다며 은근슬쩍 얼굴도 세운다. 밥 얻어먹는 업을 또 쌓게 되었다. 여하튼 글쟁이 부를 생각을 해낸

군청 사람의 일 맵시가 돋보인다. 영덕을 알리는데 일석 백조는 될 일이다. 관광 산업이 지역발전의 화두가 된 세태의 몸짓이다. 시절 덕을 오늘 누리나 보다.

강구항에서 북으로 달리는 해안도로, 오른쪽 차창 너머로 넘실대는 쪽빛 파도에 마냥 설렌다. 여전히 바다는 감미롭고, 경이롭고, 외경하다. 남해와 달리 동해안은 외롭다. 붙어 있는 자식 하나 없는 사람처럼 외길 행로여서일까. 다가서는 사람도 꼼짝 못 하게 외롭게 만든다. 젊은 시절 한때 동해의 수평선에서 밀려오는 절대의 외로움에 내 외로움을 흘려보내기도 했다. 문무 대왕의 꿈이 서린 바다에 자주 갔다. 구룡포, 칠포의 바다도 이따금 찾았고 후포의 앞바다에도 서본 적이 있다.

이 해변 길에 블루로드란 이름을 붙여놓았다. 도보여행 코스다. 오 년 전인가 그때는 그냥 둘레길이라 불렀다. 풍광 좋다는 소문에 이십여 리 길을 직장의 동료들과 걸어 본 적이 있다. 재회의 풍광은 다시 새롭다. 이름도 바꾸고 더 다듬은 티가 난다. 한 언덕배기 모래밭 틈새에서 해풍을 받아내던 몇 송이 해당화의 잔영이 아직 붉게 흔들린다. 어디쯤이었는지 차창 밖을 내다보아도 가늠이 안 된다. 지도엔 대게 누리 공원에서 강구항과 축산항을 거쳐 고래불 해수욕장에 이르는 64킬로의 길에 대한 설명이 깨알 같다. 부산에서 강원도 고성에 이르는 해파랑길의 한 구간이란 말도 덧붙였다. 전국 해변

명소 길의 하나로 뽑혔다며 현지 안내를 맡은 군청 계장이 몇 번이나 들먹인다. 들썩대는 말에 섞인 사투리 억양이 더 재미있다. 좁은 땅에서도 말이 이렇게 달라지니 새삼 얄궂다.

바람의 신 에로우스가 뭐라고 할까. 빛의 신 아폴론을 대신할 수 있노라고 어깨를 들썩이다가도, 자신을 이용하려는 끝 모를 인간의 재주를 시기할 것도 같다. 2만 가구가 사용할 전력을 만든다는 풍력발전단지의 발전기 날개를 쳐다보며 떠오른 잡생각이다. 하늘을 휘젓고 있는 생경한 풍경이 시야를 압도한다. 산 능선에 죽순처럼 여기저기 솟아올랐다. 바닷바람을 받아내는 날개소리가 우주에서 내지르는 신들의 소리 같기도 하다. 바람 앞의 등불 같았던 인간이 바람을 빛으로 바꾸는 재주를 터득했으니 신은 요주의 짐승으로 여기며 불편해할 것 같다.

죽도산 전망대에 올랐다. 멀리 수평선이 해변으로 무너져 내리는 언덕 같다. 우뚝하니 신기루처럼 아물댄다. 신 정동진이라고 지도에 적어놓을 만도 하다. 조붓하게 엎드린 축산항 방파제에 부서지는 흰 포말이 갈매기를 불러들인다. 어망 손질에 나선 사람이 분주하다. 죽도산 대죽 사이로 칡꽃이 피었다. 칡넝쿨을 지금껏 수없이 보았어도 칡꽃을 애살맞게 마주한 기억이 없다. 팔월 뙤약볕에 산을 물들이는 이렇게 매혹적인 향이 있었다니 여태 모르고 지내온 내가 촌놈 맞는지 의아했다. 손에 쥐고 온 자줏빛 꽃 한 송이에 내 코는 차 안에 가득했던 여향女香을 여지없이 배신하고 연신 벌름거리며 탐닉한다.

목은 이색 선생의 생가터가 길지라 했다. 원을 빌면 좋다는 말에 일행은 서로 표지석에 손을 대며 한참이나 법석을 떤 모양이었다. 딴청 부리다가 안내원의 말을 흘려들은 나는 뒤늦게야 손바닥으로 길지의 기를 욕심내는 느긋한 기회를 혼자 차지했다. 기념관이 솔숲에 외롭다. 조선의 건국을 기어이 반대했던 선생의 발자취에 물음을 달며 역사에 대한 상념에 빠진다. 원래 호지촌濠池村이란 이름을 목은이 괴시槐市라고 바꾼 마을엔 고택의 한옥이 창연하다. '괴시리 전통한옥마을'로 보존되고 있다. 마을 입구 습지에 부들이 지천으로 피었다. 탄성이 나온다. 고향 산야에 서걱대던 부들의 기억을 불러내며 한참을 서성거렸다. 돌담 모퉁이마다 세월을 박아 넣은 양 붉은 석류알이 햇볕을 받아낸다.

"청산은 나를 보고 말없이 살라 하고……." 불자들에게 널리 알려진 나옹선사의 글이다. 선사가 창건한 장육사의 흥원루에 올라 몇 구절 읊조린다. 일행을 맞이해준 한 스님이 괴짜다. 세상 귀찮음 같은 퉁명한 말투에다 입언저리의 검은 수염이 달마의 얼굴을 닮았다. 내공이 깊은 선승의 농인지, 떠도는 객승의 가벼움인지 가늠할 눈이 없다. 이 절의 보물인 건칠관음보살좌상은 알고 있으리라. 운서산 산그늘이 깊고 깊다. 쉬어가고 싶은 내 마음일까. 템플스테이 안내 글을 무심히 읽어 내린다. 전국에서 찾아온다니 나 같이 문득문득 세상살이를 벗어나고 싶은 이도 많은가 보다.

장육사를 내려오니 여름 끝물의 영해 들이 넘실댄다. 결실의 계절이다. 들이 넓어 왜구가 이곳의 식량을 노려 자주 쳐들어왔다는 역사를 들추어 알려준다. 그자들 발을 안 붙인 해안이 어디 있으랴. 신돌석 장군도 한말 가랑잎 사위어 가듯 했던 산천을 보듬어 안으려 깊고도 질긴 악연의 왜와 맞서 분루를 뿌렸던 것 아니던가. 선생의 생가와 기념관을 들르지 못해 아쉽다. 들판 한쪽에 병마용처럼 세워놓은 허수아비 무리가 이채롭다. 다른 지방에 없는 '메뚜기 허수아비 축제'가 곧 열릴 현장이라며 생색을 낸다. 별 축제를 다 만들어낸다 싶으면서도 재기에 웃음을 보탠다. 내 유년 때 꼴망태 매고 허수아비 틈새에서 참새 떼 쫓아내려 애를 쓰던 일이 떠오른다. 그때 도시락엔 볶은 메뚜기가 자주 들어있었다.

관동팔경의 제 일경인 월송정越松亭에 올랐다. 정자를 둘러싼 울울창창한 송림과 밀려오는 바다가 일순 마음을 흔든다. 신라 화랑들이 유람했다는 이야기가 전해오듯 옛 시인 묵객들의 영탄을 자아냈을 만도 하다. 일제가 헐어버린 옛 그 자리에서 해변 쪽으로 옮겨 복원했다고 하며 최규하 전 대통령이 쓴 현판의 글씨가 단아하다. 판소리하듯 꺾는 문화해설사의 말 가락이 스쳐 간 세월의 추임새처럼 정자에 울린다. 옆에 손풍금도 놓여 있으니 풍류를 아는 이다. 문득 달밤에 거문고 타며 춤추고 노래했을 가인의 환영이 스친다. 하룻밤 농치면 치맛자락 끄는 소리라도 들리려나 싶다.

후포의 어시장을 어슬렁댄다. 일정이 당겨져 저녁 식사 때까지의 자투리 시간이다. 미역귀를 여자들이 둘러싸고 웅성댄다. 짭짤한 맛에 몇 조각 넘긴다. 몸에 좋다는 말이 아니었다면 손도 대지 않았을 테지만, 나도 일찍 잘못되고 싶지는 않은 모양이다. 갯내가 뭉클하니 역시 어촌이다. 푸짐하게 시장기를 채우고도 접시에 회가 남았다. 밥값 할 일이 은근히 걱정된다. 귀로의 버스 차창엔 어촌의 등불이 흐르고 파도 소리 부딪쳐 울리는 것 같다.

격세지감이다. 오늘 걸음 했던 해변은 지난 시절 한때 철조망으로 막혀있었다. 서슬 퍼랬던 신 군사정부가 무장간첩 침투를 막는다며 엄살떨었다. 코흘리개의 용돈은 물론 기업의 큰돈까지 후려친 방위성금으로 해안선을 모두 봉쇄했었다. 그때 '영덕 해안선 철조망 공사 준공식'에 참석한 나는 철망 사이로 조각난 바다를 망연히 내다보았다. 대구시의 방위성금 군 지원 업무 실무자였다. 그날 바다를 막아주어 고맙다며 군 사단장에게 머리 조아리던 군수와 오늘 선물까지 전하며 놀러 많이 오라던 군 의회 의장의 얼굴이 겹쳐 떠오른다.

블루로드를 걸어 북쪽 통천의 총석정叢石亭까지의 관동팔경 구경할 날을 그린다.

(2014. 6.)

하재열 수필집

밥그릇 춤

인쇄 2018년 12월 21일
발행 2018년 12월 27일

지은이 하재열
발행인 서정환
펴낸곳 수필과비평사
주소 서울시 종로구 삼일대로 32길 36(익선동 30-6 운현신화타워 빌딩) 305호
전화 (02) 3675-3885, (063) 275-4000 · 0484
팩스 (063) 274-3131
이메일 sina321@hanmail.net essay321@hanmail.net
출판등록 제300-2013-133호
인쇄 · 제본 신아출판사

ISBN 979-11-5933-199-2 03810
값 13,000원

이 도서의 국립중앙도서관 출판예정도서목록(CIP)은 서지정보유통지원시스템 홈페이지(http://seoji.nl.go.kr)와 국가자료공동목록시스템(http://www.nl.go.kr/kolisnet)에서 이용하실 수 있습니다.(CIP제어번호: CIP2018042396)

Printed in KOREA

본 서적은 2018 대구문화재단 개인예술가 창작지원으로 출간되었습니다.